日本をよくするために
日銀の株を買いなさい！

石川和夫［著］

日本の銀行研究会［編］

一般社団法人経営実践支援協会［監修］

目次

[1] この国のメディアはいつも世論を間違った方向へ誘導する

人間の一生は学習の連続である。学校の教師のようなことを言いたいわけではない。だれもが生きた知識の有無、多寡によって、人生のバランスシート（貸借対照表）の資産、負債の額が決まってしまうからだ。

そのためには、日々の利益と損失の計算が重要になる。その利益と損失を分けるのが、知識なのだ。無知はコストである。コストがかかればかかるほど利益は少なくなる。

これは抽象的な話だけではなく、実際の私たちの生活のことを言っているのだ。知識を得るための起点は疑問を持つことである。疑問のないところに学習の必然性も、意欲も生まれない。

お金で苦労しない、お金で死なないために、そして、人生のバランスシートをプラスにするために、まず金融の勉強からはじめよう。

アメリカ通は「トランプ当選なし」と言っていた

いくら非才浅学、凡人の私でも、日本の新聞、テレビなどメディアが日々垂れ流す膨大な情報が、どうして偏ったものになるのか考えさせられてしまう。メディアに携わる人たちは、知識人、オピニオン・リーダーと呼ばれている人たちである。彼らの一言一句の責任は重い。だが、その責任感に対する自覚は軽い。

直近の例をあげてみよう。

２０１7年1月20日、第45代アメリカ大統領就任式が行なわれた。そこに、ドナルド・トランプ氏が勝利することを最初から予測したメディアがあっただろうか。大統領選は当初ヒラリー・クリントン氏が有利で、選挙では大勝するだろうという空気が流れていた。しかし、途中からトランプ氏が有利な展開となった。結果はトランプ氏の勝利で終わった。

アメリカ通などといわれていた人たちは皆予想が狂ったのだ。

「万一、トランプが大統領になったら株は暴落する、為替は円高になり、国際紛争は再燃する」

「日本は未曽有の経済不況になる」

メディアの意見はそうした一方方向に流れていた。あるいは誘導した（?）

「決してトランプは当選しない」「何を考えているのか理解できない」などと言い切った解説者まで出てきた。トランプ氏をまるで奇人変人、危険人物のように評価していたのである。

確かにメキシコとの国境にメキシコ負担で壁をつくる、在日米軍の費用負担を日本はもっとすべきである、トヨタに対してアメリカに輸出するカローラ製造工場をメキシコにつくるなどもってのほか、米企業が国外に工場を移転した場合、その企業が米国に逆輸入する製品に35％の関税を課す……といった発言は、物議を醸しだした。

トランプ氏は、日本は米軍駐留費の75％も負担していること知らないのか。知っていての発言ならば、彼の発言の真意はどこにあるか、まともに解説してくれた意見にお目にかかっていない。アメリカの大統領に当選するような人間がいたずらに暴言をはくだろうか。トランプ氏の発言に全面賛意を示す人びとにも問題があると思うのだが、大統領就任前の発言に一喜一憂するメディアの腰が据わっていない姿は見苦しい限りである。

日本のメディアはこぞってヒラリー・クリントン有利と報道し続けてきた。米国の民主党政権に慣れ切ってしまっていたのか？

マスメディアは国民の世論を偏った方向へ誘導してならないのに、まったく反省しない。日本人は、メディアの意見に従うように飼い馴らされてしまったのだろうか。

アメリカファースト、日本はどうする？

トランプは大統領就任演説で、アメリカファースト、ＴＰＰ（環太平洋貿易構想）反対、貿易不均衡是正、自国貿易増大、移民政策見直し、企業のアメリカ協力、国内需要拡大、アメリカ人の雇用を50万人増加させるなど、まさに自国アメリカがよくなることを中心に世界との協調を訴えた。そこには、アメリカに協力しない（アメリカを気に入らない）他国とは一線を画することも同時に訴えた。

トランプは、大統領就任前からＣＮＮの記者の質問を断わる、記者はウソを報道しているなどと直接抗議し、メディアとの対決姿勢を公言してきた。

私は個人的にはトランプに投票した60％以上の国民の夢や希望、期待感が理解できるので、おもしろい人物がアメリカ大統領になったと感心している。

ヒラリー・クリントンが落選した大きな原因は、富裕層。金融街企業の人たち、つまり既成の価値概念と既成利得権を持った人たちの立場を擁護しすぎたからだと思っていている。そこに嫌われた一因があるのではないか。

一方、トランプは低所得層（生活保護にもかからない層）、失業中、あるいは仕事が激減などさまざまな原因からふつうの生活すらままならない層が増加していることに着目した。そして、所得格差が絶望的に開いて、どん底の生活状況から抜け出すことができない不満層、夢や希望が持てなくなり、政治に対して期待感を喪失し、絶望感だけを抱いていた人びとの代弁者の立場を明らかにした。独特の強烈な言葉や態度でそれらの層に呼びかけ、その改善策を示したことが、選挙戦を有利に展開でき、勝利に導いた理由ではないだろうか。

さらに、従来の選挙方法だけでなく、ネット、ツイッターなどで広く呼びかけをしたことも大きく貢献したと思っている。

トランプのアメリカ大統領としての強い意思表示は、日本に何を語っているのだろうか?

私たち日本人は、いままでグローバル化とかインターナショナルという言葉をあまり深く考えないで使ってきたが、結局現実的にはアメリカ追随の生き方を意味してきたように思える。これ以降は、私たち日本人はアメリカに対しての甘え、期待、同情、思いやり、利権、食糧問題、貿易、パワーバランス、民族紛争、宗教、金融政策、為替、差別化……といったことに対する考え方、行動について根本的に価値観の見直しを迫られているのだと思う。

特に本書との関わりから言えば、金融関係ではFRB（連邦準備制度理事会）は、世界の金融をリードし、調整し、監督するなど金融マフィア的存在は変わらないだろう。ビットコインをはじめさまざまな仮想通貨が決済通貨となる国際通貨時代が来ることが予測されるので、今後の世界共通の金融政策なども研究しておく必要があると思う。

その際に、後で明らかにする「第2の日銀」の必要性もぜひ議論してもらいたい。

覇権主義VS日本の文化

いま、アメリカに起きている現象、変化は、アメリカ一国だけのことではない。イギリスはユーロから離脱したし、フランスも揺れている。中東では、ISイスラエル国のテロ活動が今でも止まらない。アメリカは〝世界の警察〟にはならないと宣言している。では、だれが、どこの国が〝警察〟の役割を担うのか？

それぞれの国が自己責任でやればよいというのだろう。そんな流れの中で、中国はアメリカに替って世界の警察的役割を担う気満々であろう。この国は覇権主義的傾向があり、少なくともアジア地域に君臨したい野望を強く感じるからだ。そのことは、尖閣列島の軍事基地構築や太平洋の海域拡大に躍起になっているところからもうかがえる。

トランプは強いアメリカにすると公言した。自国中心的構想のもとで、他国との関係は、利害関係に基づいた商売的考えをしているのであろう。

このことを踏まえて、日本人としての立場や立ち位置を考えるとしても、アメリカ第一主義、自国主義、派遣主義経済政策を過剰に意識して、国だけでなく企業の理念、社会貢献、共存共栄の考え方をなくして、グローバル社会という大義名分に踊らされてはならないと思う。

主義主張の違いはあるとしても、日本には数千年の文化があり、知恵がある。世界に共通する価値観も持っている。だから、日本はアメリカと同じような「国造り」をしてはならないのではないかと思う。

日本は、日本人は、数千年の文化にもっと自信を持ち、行動してもらいたい。格差社会が進み、自由主義が後退し、金、第一主義が蔓延し、人が信じられなくなり、差別覇権主義となり、武力、腕力によるパワーバランスの考え方を重視し、軍事大国になってはいけないのだから。

政府、日銀、役人、大企業はどこを向いている

日銀短観の観測によると、平成29年度の日本経済の動きは、円高、内需低迷、景気先行き不透明と

なっている。

日本の現在の総労働人口は６０７５万人で、平成22年調査から２９５万人減少している。全人口に占める65歳以上の高齢者の割合は26％超で３３４２万人とのことである。ますます高齢社会が進み、社会福祉負担が増大し、消費税増税などでは賄いきれないことになっていく。税収は上がらず、所得格差・貧富の差は増大し、将来の人口は確実に減少していく。あらゆる分野で後継者人口が減少し、企業は巨大化し、個人所得は減少し、消費は減少していく。加えて食料危機……日本はそんな道をまっすぐに進んでいるのではないだろうか。

どうしたら、そうした流れに歯止めがかけられるのか。国は、国民ファーストで物事に対処していかなければならないのに、政府も、日本銀行も、役人も、大企業も、どうやら向いている方向が違うように思える。

トランプアメリカ大統領の登場はいい機会であろう、私たち日本も今までの既成概念を打破する時期を迎えているのではないだろうか。所詮アメリカは自給自足のできる国である。石油など燃料も食糧も、ほとんど自国で確保でき、生き残れる国である。

わが国は、ほとんど自給自足ができない貧しい国である。国民には、そのことに対する危機感がないから自覚もない。何でも欲しいものは金で手に入るので危機感がなく、食糧自給という責任感のなさに便乗して、行政や役人は悪乗りしているのである。

こうしたことについて、わが国のメディアはほとんど情報を伝えていない。メディアはわが国を、どこへ向かわせようとしているのか。

わが国は、世界第一の水の輸入国と言われている。単なる飲料水だけでなく、野菜や果物も水分として計算に加えるとするとそうなるらしい。世界一と言っても過言ではない、空気も水も豊富なわが国が、なぜ水まで輸入に頼っているのか？

唯一米だけは国内で需給できているかと思えば、パン化に押されて米が余っているとのこと。生産過剰で減反政策、補助金欲しさに米の生産調整を行なうなど、農業政策の無策から主食の自給率は半分以下程度になっている。麦、豆、野菜などの他の食糧については話にならない状況である。

貿易会社（商社等）の貿易収支を上げるほうが、農業生産に政策投資するよりも、国富が増えるとでも考えたのだろうが、国民の生活基盤である食糧自給を疎かにしてきた末路は恐ろしいものである。必ず将来の子どもたちに報いが来ることを知らなければならない。

ちなみに２０１６年の国際収支は20兆２０００億円の経常黒字となって、前年比で13％も増加したとのこと。原油安が原因になっているようだが、米国のトランプ大統領はこれを問題にしている以上、いずれ避けて通れない日本の通商問題となることだろう。

この機会に自国での食糧自給に大きく政策を転換してもらいものである。

［2］金と住まいに関する疑問が問題視されない不思議の国

安倍政権の金融政策の失敗は日銀も同罪ではないのか

民主党（現民進党）政権から政権を引き継ぎ、意気軒昂として船出した自民党安倍政権が掲げた「3本の矢」の経済政策構想は、すでに3年が経過した。

来年には総選挙があり、第3次安倍内閣ができるかもしれないが、金融政策においてこの3年間を振り返ってみると、大失敗政策だったと言ってよいだろう。

政策発表時は、近い将来物価を2％程度上げる、デフレ経済から脱却すると公言したことは記憶に新しいところである。日本銀行（以下日銀）の黒田総裁は安倍内閣の経済政策に呼応して超金融緩和政策を実行した。

「異次元緩和」と、名前ばかりはこれまでにないことが起こるのかと、われわれ国民は何か妙な感じがしたのだが、とにかく株価は上昇するし、景気がよくなったような気分になったが、すぐにこれはまやかしだとわかった。

金融政策の失態は、直接的に国民経済に大きく影響を与えてしまうのだから大変なことなのに、異次元緩和政策は何ら効果が出ず、3年経過してもデフレ脱却はできず、経済がよくならず、2％の消費者物価指数は上昇せず、国民の実質可処分所得は減少、マイナスになった。国民は、公共負担が増加して、これまで以上に生活が大変になったと実感しているのである。

消費税を3％上げた分の税収が、同時に実行された国家公務員の報酬ベースアップ分に相当し、実質的に何ら経済効果を生んでいなかった。まったく消費税を増税した意味がないのではないか？

このことに関連した情報がされたことがないのもなぜ？

このまま物価が2％も上昇したら、低所得者層の人たちは確実に生活危機に陥ってしまうだろう。われわれは自己防衛しなければならないということか。

どうしたらいいのか、だれも教えてくれない。

日銀は、建前は政治には影響を受けず、すなわち政府の政策に影響されない立場に立った日銀独自の政策を行なっているはず。だが、明らかに安倍内閣の一翼を担っていながら、失敗しても責任を問われることはない。

黒田総裁は責任感の自覚もないままにのんきに任期を終えるのか？

民間企業ならトップの失態は決して許されないことである。日銀のトップはどうして厳しく責任を問われることなく、平然とバトンタッチができるのだろう？

私は、日銀の金融緩和政策は政策になっていないと思う。なぜ消費者物価が上昇するのか理解できない。

簡単な論理で、日銀は大量の紙幣を印刷して、金融機関に無利子同然で大量に貸し付けているが、金融機関は民間企業、個人等に貸し付けていない。特に中小企業には貸さない。担保があっても、いろいろ理由をつけて貸し付けないのだ。

中小企業は相変わらず年間倒産件数が減少しない。銀行は金を貸し付けて商売をしているのに、私たち個人や中小企業には金を貸さなくなってしまった。では、どこで運用しているのか？　海外投資や投資ファンドと言われている金融ブローカーに貸し付けをしているのである。

かつて金融機関はリーマンブラザーズ倒産により、サブプライムローン破綻事件で、多額の損失を被ったことがある。郵貯の運用資金数兆円の損失、さらに年金基金の運用が数千億円の損失等を見てもわかるように、いわゆるバクチ運用リスクの投資をしているのである。このことをどう理解すればいいのか？

大手都市銀行は、ノンバンクの武富士、プロミス等に代表される高利貸し会社を買収し、ただ同然に日銀から調達した金を高利（14～15％）で運用してぼろ儲けをしているのである。

私が言いたいことは、日銀の役目は国民のための金融政策を実践する機関ではなく、管理監督している金融機関を儲けさせるための機関になってしまっているのではないだろうかということである。

一般国民や中小企業が国を支えているのだとしたら、大企業、大金融機関を中心にした金融政策はうまくいくはずはないのである。

政府の借金である国債やＥＴＦ（上場投資信託）を日銀が市中から買い取ることにより資金を流通させるとしているが、４００兆円を超えているその金が流通しているのは大企業、生損保、銀行であり、一般国民レベルでは資金流動は起きていない。

さらに言えば、国債の金利は年間30兆円近くも国民の税金で支払われている。高齢者福祉に使われている金額と比較してもらいたいものである。

金融機関とサービサーによる茶番劇

金融機関は、バブル崩壊後、多額の貸付残高が残り、回収不能になった貸付金を「不良債権」と名づけた。

このとき、政府はとにかく銀行（金融機関）がつぶれると、わが国の金融システムが崩壊するだけでなく世界にも大きく影響するとの大義名分で、国民の税金によって銀行救済に走った。

その一方で、弱者である債務者、国民の不良債務はそっちのけで何らの対策もほどこされなかった。

バブル崩壊後の債務については昨今あまり取り上げられることはないが、隠れ債務超過の人は数千万人いることを忘れてはいけない。

政府は、数年間金融機関の抱えた不良債権額がいくらなのか概算さえも公表しなかったが、後に200兆円（ようやく発表した当初の額は16兆円）で定着したが、それは信じるに値しない数字である。もしその数字が正しいとするならば、現在までに金融機関が上げた利益で十分に解消できているはずではないか。いまだに金融機関が税金を納めていないのは、いかなる理由があってのことか？

金融機関は単なる利息稼ぎであってはならない。そんな言葉が空疎に響くほど、金融機関は担保を取り、連帯保証を確保して、さらに債権回収について法律で二重三重に守られ、いったん金融危機などに遭遇すると国民の税金で救われる。

平成11（1999）年2月、法律第126号債権回収業に関する特別法が施行された。不良債権処理、資産流動化をいっそう促進するとともに、倒産処理を進めることを趣旨とする法律である。これが、通称「サービサー（債権管理回収機構）法」と呼ばれる法律だ。

この法律は、それまで弁護士法72条によって弁護士しかできなかった債権回収業務をほかの者にもできるように一部を改正したものである。

簡単にいえば、銀行の子会社（法務省管轄の資本金5億円以上の株式会社）をつくり、不良債権を有償、無償にかかわらずサービサー会社に債権を譲渡できるようにして、銀行の帳簿から除外できるようにしたものである。

サービサー法は、金融機関が多額の不良債権を抱えたままでいると、ＢＩＳ規制（国際業務を行なう銀行の自己資本比率に関する国際統一基準）に抵触してしまい銀行経営ができなくなる危機を回避するためにという名目のもとにできた法律だ。

成立に至った表向きの理由よりも重要なことは、この法律の実態である。通常わが国の税法では、債権を格安で売却したときには所得勘定となり、課税対象となる。ところが、サービサー法のもとで売却された債権は課税対象とならない。いかに金融機関に有利で特別待遇の法律であることが理解できるだろう。まさに「特別措置法」たるゆえんである。

金銭の貸し借りは、債権者も債務者も同等で公平性がなければならないのが原則にもかかわらす、金融機関に一方的に有利な法律をつくり出した政策を、私たちは厳しく批判しなければならないと思う。

しかも、不条理な法律の改正はそれだけにとどまらない。債務者が唯一債権者に対抗できる法律として存在していた民法第三七八条「滌除（てきじょ）」という法律があったが、平成16（２００４）年４月に、債権者に有利な「抵当権消滅請求」という名の法律に改正されてしまった。

かくして滌除の改正とサービサー法の成立によって、金融機関は悠々と自分たちの利権確保に成功したわけである。

ちなみに一度国会で野党議員の質問にサービサーの社長が、一般的に担保がなくなった債権のみ1件当たり1000円〜2000円で譲り受けていると答えたことがあった。

サービサーがどこからいくらで買い取り、債務者にいくら請求して、どれだけ回収したのか、その実態はまったく不明である。情報公開を求めても満足にこたえられたことはない。

債務者の借金が債務者本人の知らない間に、知らない会社に（非課税で、いつ、いくらで譲渡さてたかわからず）売られてしまい、知らない担当者から突然通知をつけて、返済を請求されることになるというのは、何と不安なことではないか。

こうした不安と恐れは、経験者にしかわからないことである。

サービサーは不良債権処理を急ぐ銀行などから債務の返済が滞っている債権を安く買い取る。安く買い取った不動産担保などの債権は、競売や任意売却などさまざまな手口で回収を図り利益を上げている。

サービサーは不良債権だけでなく、一般の正常債権も取り扱うことができる。住宅ローン、クレジット債権、銀行ローンなどである。しかも、サービサーへの譲渡は債務者の同意がいらない。債務者は、ある日突然、聞いたこともない債権回収会社から取り立てをされることになる。

ほとんどの国民は、借金が売買されるものだということを認知していないのではないか？もちろん、サービサーは自分の債務がいくらで譲渡されたのか答えてくれない。それなのに債務者は、生年月日、住所氏名、家族構成、収入の明細、仕事の内容、返済の意思の有無など根掘り葉掘りきかれてとことん調査される。

連帯保証人に対しても、同じような対応が行なわれるが、その前に、銀行預金、不動産、生命保険、株、債券等財産があれば差押等の手続が行使される。

債権債務問題、サービサーに関しては、平成27年11月に出版された拙著『ちょっと待て自己破産――借金を合法的に消滅し、人生をやり直す法』（パラダイム出版）に詳しく書いてあるので、そちらを参照してほしい。

東日本大震災の被災者の借金はどうなったか

東日本大震災の被害を受けた福島、宮城、岩手三県の総預金高が22兆円になり、35％増加している。

災害復興に充当されないで、預金に回っているとのこと、ある銀行は預金高に対する貸付額が50％になり困っていると言っている。おかしなことだ。こうした状況では、景気がよくなるはずがない。

東日本大震災の被害者の方々の借金はどうなっているのか？

汚染された田畑の扱い、消失した土地建物、担保になった借金などはどうなっているのか。大企業や金融機関などのように免除、債権放棄、税制優遇、援助など救済処置がとられているが、平成29年になっても被災者の方々はいまだに救済されていない。

国内はもとより世界からも含めた寄付金や援助物資などの配分や配給はどうなっているのか。収支明細など公表されなくてよいものなのか？　どこかで、だれかが、隠匿、不正使用していないか、だれが、どうチェックしているのか？　公平に取り扱っているのか？　公平は保たれているのか？

福島県のある魚肉製造会社では設備投資ができないで困っている。というのも、以前からの借金と被災資金の借入金の返済の見通しが立たないので、設備投資ができないからだ。売上の見通しも難しい状況に陥っている。

福島県のある被害者の方が、私のところに「金融機関から『当分のあいだ元利とも返済猶予します』という文書が来たので、毎月の支払がなくなり助かった」と、報告にやって来た。

本人は「当分のあいだ」借金を免除されたごとくに喜んでいた。水を差すのも気の毒だと思ったのだが、私は「当面の支払いはしなくてもいいけれど、いずれ支払っていただきますよということですよ」と諭した。

これは、金融機関の温情措置なのではない。地元の金融機関は日銀よりほとんど無利息で、被災者の貸付返済不能金額を調達しており、実質救済を受けている。もっと言えば、被災者も交付された資金や設備投資資金が、預金という形で積み立てられ還流してしないのである。

本腰を入れれば、放射線汚染にさらされ帰還不能の土地所有者の不動産を公共機関が実質買い取るとか、債務者の債務を免除するとか、様々な処理案が考えられるのに、国も行政も被災者や債務者である国民のための政策がなぜ取れないのか、大いに疑問を感じている。

私の言いたいことは、被災県の積み立てられた22兆円の資金の流通を促す政策が実行されないと、東北の再興も、景気もよくならないということである。

大企業の眠り資金に課税はできないものか

トヨタ自動車16兆7942億4000万円、三菱ＵＦＪフィナンシャル・グループ

8兆5875億7800万円、ホンダ6兆1943億1100万円、NTT5兆742億3400万円、三井住友フィナンシャルグループ4兆5344億7200万円。

この数字が何かおわかりだろうか。2016年3月末の上場企業上ベスト5社の内部留保額である。財務省が6月に公表した法人企業統計によると、内部留保額は過去最高の366兆6860億円。第2次安倍政権がスタートした2012年12月から34％増になっている。

企業の「内部留保」とは、企業の利益から従業員への給料や株主への配当を差し引いた「利益剰余金」のことである。

大企業の内部留保金の額や順位は統計によって異なるが、正確な数字が重要なのではなく、企業は巨額の内部留保を持っているということが問題のである。

この数字は従業員の給料に反映されていない。厚労省によると2015年の実質賃金は、5年連続マイナスになっている。

識者はいろいろ解説してくれる。

「企業が賃上げしないで、内部留保を積み上げる理由の一つは官製春闘だからだ。給与アップしたら、安倍政権になびいたと思われかねない」

「内部留保は株主のものだから、給料には使えない。内部留保は株の発行や借金と同じく資金の調達方法を意味する言葉だから、現金とはまったく意味が違う。内部留保＝現金の保有という大きな誤解が生じている」

「内部留保という言葉はない。内部留保という定義は便宜的なもので、会計上は『利益準備金』『任意積立金』『繰越利益剰余金』などの項目で貸借対照表の純資産の部に計上されている」

「企業は内部留保をすべて現金（手元資金）として保有しているわけではない」

このように異業の内部保留を正当化する識者たちの声が多くみられる。

企業会計論議がしたいわけではない。現実を見て欲しい。

ご存知だろうか、バブル崩壊後25年も経過しているのに、いまだに金融機関の不良債権処理が非課税で行なわれており、実質的に期間利益を莫大に出しているにもかかわらず、法人所得税などの税金を負担していないということである。だとすれば、企業の眠り資金に課税するのも一考ではないだろうか？

企業は社会の公器という考え方からすれば、企業の留保金の流通を真剣に考慮すべきであろう。全部とは言わない。せめて交際費の流通を考えてほしい。交際費の流通には2つのメリットがある。ひとつは労働者にとっては第二の給料、交際費で会社の売り上げ増をめざし、業績向上に寄与することができる。

ふたつに企業にとっては、非課税枠での節税になる。企業にとって、交際費は社員に対する設備投資なのである。

平成25年4月から中小企業の接待交際費は、年間８００万円以下であれば無条件で経費に損金算入できるようになった。平成26年4月から飲食費の50％を経費に。これは大企業にも適用になった。大企業の接待交際費は資本金の額により一定の利率をかけたもので多額に上る。

この交際費枠を昔のように有効に社会貢献することにより、市中に資金流動が起きて景気回復に貢献するのではないか。

政府は企業の法人税を引き下げる（マイナスにする）ことを約束しているが、その代償を交際費の消化に求めよ、と言いたいのだ。

公務員の給与増加、何のための消費税値上げなのか？

２０１６年1月、参院本会議で補正予算が成立した。その際、ひとつの法律が隠れるように成立したのをご存知だろうか？

国家公務員の給与を引き上げる「改正給与法」である。消費税を3％上げた資金量に匹敵して公務員の給与が増加したという。人事院勧告は、「民間に準拠」という理由で2年連続値上げしている。消費税を10％にしなければやっていけない（？）。国の公務員の給料が上がる。何のための消費税値上げなのか？

仮に消費税を25％に上げていったとしても、ヨーロッパなどですでに経験しているように、経済破綻状態になっている国もある。

今後日本では、消費税を上げないで国家経営をしていける国にしていかなければならないのである。シンプルに言えば、民間金融機関にある一千兆円を超える現金資産が私たち国民の生活に還流できるような措置を考えてほしいのである。資金が流通してナンボの世界なのだから。

不動産の有効活用を考えてみよう

国家公務員の話の延長で、頭脳明晰で、無責任な国家公務員の頭で考えてぜひ実現してほしいことがある。

たとえば、日本でいちばん担保価値、資産価値があるものは何か？　一過性という見方もできるが、不動産である、現在の都市部における不動産の価値は安すぎるから、もっと価値を上げる必要があると思う。

資産デフレを脱却するには、不動産を活用することが最良の方策である。

不動産マーケットを高付加価値商品として位置づけ、地方経済活性化も含めて、需要を創造して日銀がもっとも得意とするインフレターゲットを目指して、デフレ脱却を図らなければならないと思うのだが、政治家も頭脳明晰なお役人も、このことに気づかないのだろうか。

不動産の価値を上げると言っても、バブル経済時代のマネーゲームのようなやり方ではなく、実質資産保有、有効活用をしようということである。金融機関はバブル崩壊を教訓として、不動産投資は云々というかもしれないが、教訓を反面教師として生かせば、十分可能になると考える。

その上で、相乗効果として国有財産を日銀担保にして国債の償却に充当するということができるのではないか。

現在、わが国の金融商品といわれているものに1％（年間）以上の利息がつく金融商品はない。私たちは、すでに金融機関から見放されており、銀行の定期預金、普通預金、外資ファンド等も然りなのである。

唯一の例外は、不動産賃貸利回り物件（アパートや賃貸マンションなど）である。年間6％～10％の高利回り商品もあるが、取得資金が大きく、銀行なども融資を絞って貸してくれない。結局、資金量のある金持ちしか持てないし、チャンスもないということになってしまうのである。

こんなことでは、ますますアメリカと同じように所得格差が大きくなっていくばかりではないだろうか。

賃貸家賃保証会社って何だ？

特に都市部においては、持ち家数と賃貸数を比較すれば、賃貸数のほうが上回っている。住居はもとより店舗、事務所などを賃借しようとすると、いまだに連帯保証人を要求される。いまや世界の非常識と言われている連帯保証制度があるのは、世界広しといえども日本だけである。

ちなみに、わが国に連帯保証制度ができたのは、江戸時代の家族主義、家制度、地域連帯制度などを起源とし、一家の主人が間違いや事件を起こすと、時には妻子、一族郎党すべて連帯責任を問われ、惨殺されることもあった。明治時代になり、新しい憲法や民法がつくられたときに、なぜかこの連帯保証制度は維持継続されてしまった。昭和を過ぎ平成の世になっても、これは変わっていない。

この連帯保証制度なるものが、いまやどれほど理不尽で、人格を無視し、時代の要請に反し、ふざけた腹立たしい運用をされているか、一度経験してみるとよく理解できるだろう。連帯保証人は何とも許されざる請求を受けることになる。

たとえば、家賃18万円の一軒家を借りに不動産会社に行くとしよう。数件の案内を終えて、何とか気に入った物件が見つかる。申込の段階になると、まず個人情報を洗いざらい書かされる。そして、賃料保証会社の保証がなければ、契約は成立しない旨を通告される。

「保証会社は、だれに、何を保証するか？」と質問すると、「借主が家賃滞納したときに貸主に対して、家賃を保証するもの」だと、不動産会社の社員は説明する。

あれ、ちょっと待ってくれ？

借主が家賃を支払えなくなったときに、借主に対して保証してくれるのではないのか？　なぜなら、その保証会社に手数料あるいは保証料を支払うのは借主なのだから。さらに、その保証会社に連帯保証人を要求されるのである。

なぜ？　どうして？　と思うのは私だけだろうか。

保証会社は、貸主に借主が滞納した家賃を支払ったときに、その請求が借主から回収できなかった場合のために、連帯保証人に請求して回収できるようにしている。従って貸主は二重三重に安全に家賃を受け取れるようにシステムが組まれているのである。

・借主は保証料を負担させられている。
・貸主の保護のために連帯保証制度を使われている。
・片方に一方的に有利な契約を強要されており、不公平である。
・家賃保証会社は手数料稼ぎをしているのに、免許も資格も何もいらない。
・不動産会社は責任逃れをしている。
・一方的に借主に不利な負担を押し付けられている。

これらすべての事実が世界の非常識になっているのだ。外国人は日本で家を借りるのに、これほどの理不尽を強いられ、悔しい思いと差別を受けているのか？　すべての日本人が同じ扱いを受けているのか？

大手金融機関を含めた金貸し業をしている連中の悪行の数々は、１９９９年バブル崩壊ののち、やっと利息制限法の改正でその被害者が激減して、過払い請求などが起こり、高利貸し業者は影を潜めたではないか。

もともと高利貸し業者は社会的に必要悪の存在であり、社会に必要とされて生まれた産業ではない。しかし、現在、大手金融機関が激減したその高利貸し会社を所有しているのである。

賃料保証会社も、まったく社会的に必要ない業種である、その参入を許してはならないのに、何故存在しているのか?

単に利権や暴利をもくろんでいるにすぎない。保証会社が連帯保証人を取ることを条件としているなど、あきれるばかりである。無許可で営業できることも含めて、監督官庁は事件が起きなければ改善できないなどと言わず、事前の厳しい措置を講ずるべきであろう。事実、最近保証会社と借家人との間で立ち退きに関しておぞましい事件が起こりつつあることを知らないではすまされなくなってきている。

消費者も賃借人も、この保証会社が契約条件に含まれているなら、断固断わるべきである。賃料保証会社の跋扈《ばっこ》は、お互いの信頼関係も、契約履行責任も不信用を前提としており、お客様との信頼関係も不信感をあらわにし、助け合いの日本のよき文化を失ってしまった結果にほかならないのではないか。

不動産業者はもっと社会に貢献を

不動産業者は賃料保証会社などとつるんでいることに何のメリット、得があるのか。自分たちの仕事は、契約の公平性と信用を第一に地域社会の賃貸の均衡性に寄与することが使命ではないのか。一方的に、貸主側に有利な条件を借主に押し付ける仕事は、本末転倒で本体の不動産業務とは言えない。

そもそも法の趣旨から言っても、賃貸契約は貸主と借主は対等な関係と責任義務があるはずであり、そうでなければならないのである。一方的に貸主に有利な契約は無効にしなければなるまい。そのためには、保証会社を使うことを辞めればいい。

不動産屋は理性も知恵も本文も忘れて、ただ単に貸主側に立ち、都合よく働くなど消費者不在に恥を知らない。借主こそ、本来の客ではないのか？

バブル時代に金融機関の人間が、金は不動産に貸すのであって、借主は人間の顔をしていればよいと言っていたことを思い出した。不動産屋も借主は人間の顔をしていればいいのか。保証会社の保証があればよいのであり、その保証会社に連帯保証があればよいと言っているのだ。バブル時代の金融機関と同じである。

借主の審査があり、連帯保証人の審査があるからと言うのだが、何をどう審査するのかまったく明らかにしていない。借主は審査の結果不信用だから、保証してあげますといいたいのか？

借主はいったい何なのか、契約当事者ではないのか？

嫌なら借りなければよいではないかという反論もある。だが、そういう人間に一言いっておく。力関係では弱者がいつも犠牲になる。大手の利権に翻弄される。強者が善であり、弱者をリードする新自由主義の考え方は、バブル崩壊とリーマンショックで完全にわが国の価値観社会にそぐわず、間違いであったと反省しなければなるまい。

新自由主義の考え方は日本には合わないし、存在させてはならないのではないかと私は考えている。

上から目線の商売はいつか破綻する。保証会社の存在を認めてはならないということは、不動産屋さんはもっと社会に貢献した仕事をしなければならないということである。偏った商売をしてはならないのである。もっと理性と公平性を持った仕事をしなければ、不動産業者はこのまま不評業種になってしまうではないか。

東京では持ち家より賃貸の割が半分以上になっている現状で、法律家も業者も監督官庁も、理不尽な賃料保証会社など存在させてはならないと、肝に銘ずるべきである。

太平洋戦争時の弊害として、礼金敷金、更新料などという慣習による契約が70年を経た現在ようやく改善されつつあるというのに、新たに賃料保証なる会社が現われてくるなど、時代錯誤も甚だしい。断固なくすべきであろう。

［3］日銀は重要な役割を担っているのに
これほど無責任でいられる組織もない

金融機関は何様なのだ！

つい最近、某信金にフリーローンの申し込みに行ったときのことである。驚いたことに、保証会社の承認がなければ無理とのことであった。すなわち自分のリスクで金を貸すのではなく、保証会社の保証を取ったら貸すということで、保証会社の利益も確保している。

使い道はフリーと言っておきながら、振込する相手の会社の口座を指定する？

さらに、現金で引き出しはできないと言う（使い途制限）。年金受給者には支給額の半分くらいの最低額だとも言う。お話にならない融資担当者の言であった。むろん借金は断わったのだが、貸したくないのなら、おためごかしの宣伝は止めて欲しいものである。私と同じような経験をして、怒りを感じた人も大勢いると思う。

現在の預金金利はほとんどないに等しい。時により管理料を取る。振込手数料をぼったくる。

預金者は客ではない。金を借りてくれる客が上客である。担保主義ではないといいながら、二重三重に担保保全をする。連帯保証、抵当権、不動産、保健、年金、保証会社、預金etc……。

融資の際には査定という名の人物調査を行なう。過去の借り入れ実績を洗うのだ。その上で、公的信用保証会社の保証を取り、回収リスクヘッジをしている。

極論してしまえば、融資決定能力がないのである。さらに銀行員は、人間として、社会人として信用できないところがある。人を金で支配しているという上目使いで人を見る。人を金で評価している鼻持ちならない人種である。

銀行決済システムの特殊化は大企業にとって有利に機能し、大企業には必要かもしれないが、いまや個人や中小企業、国民には無用な存在に成り下がっている。もはやメインバンクの役目、役割は終焉したのだ。銀行は、いつの間にか銀行本来の人・物・金の果たす役割、役目を放棄し、自ら利益追求型経営に転換している。

現在の中小企業、国民にとって銀行はほんとうに必要な組織なのだろうか？

バブル経済の破綻やリーマンショック、金融機関の離散統合を経て、いまや金融機関の数は激減している。現在までに三菱東京ＵＦＪ銀行などは20行ほどの合併をくり返してきている。それほど金融機関がなくなってもよい社会になってきたということであろう。

これからも銀行はどんどん無くなっていくのが必然であり、金融機関が社会の、経済の中心的存在として位置する社会は成り立たなくなっていくと思う。そうなれば、当然の帰結として国民や中小企業などは銀行から借金をして経営していくことを考えるのは、ナンセンスということになるだろう。

高利貸し会社になった金融機関

明治以降、日本は政府主導のもと産官学のネットワークを形成し、富国強兵、殖産興業を掲げて近代化を推進してきた。その過程で金融機関の果たした役目、役割、社会貢献は顕著なものであったことは認める。その時代の金融機関には、金融の倫理、浮利を追わない企業理念、リスクテイクを前提とした融資など、国のため、国民の豊かな生活のため、預金者を大事にするといった大義があった。

時を経て、平成の世の現在はどうか。銀行員は皆高給を取り、会社は自社の利益を最優先に追いかけている。

金を借りるということだけでも取り上げてみよう。借金の上限金利は利息制限法と出資法の二つの法律によって規定されている。利息制限法は貸金の上限金利を貸付額に応じて15%～20%と定めている。出資法の上限金利は29・2%だった。そのために、出資法の上限金利を超えないかぎり、利息制限法の上限金利を超えて貸付を行っても刑罰は課せられていなかったのである。この20%と29・2%との間の金利を〝グレーゾーン金利〟と呼んでいた。

貸金業者たちがこのグレーゾーン金利を悪用したのは、貸金業規制法第四三条の「みなし弁済規定」が有効だったからだ。みなし弁済というのは、債務者が法定利息を超える利息を支払った場合でも、一定の条件の下で超過部分の支払は利息の弁済とみなすというものである。

消費者金融業者（アコム、プロミス、武富士など）は、このみなし弁済規定によって暴利を稼いでいた。この当時まで借金に借金を重ねてきた消費者は２００万人におよぶといわれていた。強引な取り立てなどに会い、自殺者も多数出た。

こうした事態に、政府もやっと重い腰を持ち上げた。平成二二年六月、刑事罰の対象となる出資法の上限金利を20％に引き下げ、「みなし弁済規定」を廃止、利息制限法の上限金利を超える金利を受領することを禁止した。

その結果、消費者金融業者は一律上限金利を18％まで引き下げた。その後、それまでのオーバー金利の返還請求（過払い金請求）が大量に出現し、消費者金融業者はバタバタと倒産整理に追いつこまれたのは周知の事実であろう。

その反動で、代わりに闇金融業者が台頭し始めてきたので、今度はその取り締まりとともに返済困難な債務者の救済、法的整理の推進が必要になってきた。

そして、消費者金融業者を引き取ったのが、三井住友銀行、三菱東京ＵＦＪ銀行、みずほ銀行といった大手金融機関なのである。大手金融機関は、高金利融資ができる消費者金融業者を手に入れ、高金利営業をたくらんだということだ。消費者金融会社を買収した大手金融機関は、本来の利息の何倍もの浮利を儲けて、低所得者の生活を脅かしている。

大手金融機関が発行する各種カードでのキャッシングなどは15％以上の高金利で、返済が遅滞すると18％にもなるのだから、大銀行がやるビジネスなのだろうか。巨額の不良債権によって立ち行かなかった金融機関は、国が税金を投入して助けてきた。わが国は、国民の大きな負担によって金融機関を育成していると言っても、言い過ぎではない。

いっそのこと〒会社があれば、事足りるのではないか？　国は、大企業寄りで弱い国民一人ひとりの公共負担を増やすことばかりを考えているのではないだろうか？

金を貸してくれない銀行、その銀行に口座管理手数料を取られ、金融商品で博奕に誘われ、その挙句、「金融商品を買ったのはあなたの自主的な判断によるものです」と自己責任で見捨てられる。取引口座内容を簡単に公開される。

国民や中小企業はもはや銀行を頼らない

長らく金融機関による間接金融が日本における金融システムとして産業殖産、国威発動、設備投資増大、官産学協調による経済発展を成し遂げてきているのだが、小泉政権による政策の一大変換によって金融システムの根幹である資金の流れが、間接金融から直接金融に変わりはじめた。

大企業をはじめ企業は資金需要を銀行中心からの調達ではなく、株式の増資や債券（社債）、REIT（不動産投資信託）、証券の発行など直接市場から資金調達を行なうようになった。

銀行は運用先の減少により、それも優良な貸付先が少なくなったという理由で、中小企業や個人事業主など資金供給責任を放棄して直接株式会社の利潤追求に走りだしたのである。消費者金融会社を買収統合、提携などで手に入れ、高利貸し金融機関に変貌しているのもその証左である。

中小企業や国民は、もはや銀行を頼りにしてはならない時代になっていることを認識しなければならない。これからは銀行を頼りにしないで、借金しない経営を目指す方向で自分の事業を見直さなければならないと思う。

今後起業を考えている人、銀行から借金をして事業をしようなどと考えてはいけない時代になっているのではないだろうか。市中にはへそくりと称してタンス預金が40兆円もあるといわれているが、まさに銀行を信用していない証左ではないのか。

現在借金があるために、経営が困難な状況に陥っている企業が多くなっている。借金がなければ事業自体は利益があり、収益が見込める企業は少なくない。この際、銀行頼みの経営を早急に見直す必要があるだろう。

そのままジリ貧になるのを坐して待つか？　奇跡的にだれかが救済の手が差し伸べてくれるのを待つつもりか？

待っているだけでは解決しない。

アベノミクス政策を待たず、日銀の超金融緩和政策を待たずとも、自らの事業を見つめ直し、元気に動き出せば、２０２０年までにＧＤＰ６００兆円も夢ではない。

私は決して国の政策に異論を唱えるものではない。日銀の超金融緩和政策に反論するつもりもない。しかし、同じことをするにも時期、方法、順序といったものがあるのではないか。資金の流通に関しても、慎重に回せる政策も、たとえば具体的に国民に対してきちんと協力を呼びかけているだろうか？

振込手数料の計算根拠は？

金融機関に対しては、細かな疑問も切りがない。私は、金融機関の振込料金について問題視されないことに疑問を感じている。

たとえば、三菱東京ＵＦＪ銀行の場合、自分の銀行口座に同じ銀行の他支店から入金すると、１０８円手数料を取られる。他銀行に振り込むと２７０円とられる。３万円以上なら４３２円もとられる。ＡＴＭ（現金）の場合、同一銀行の他支店には３万円以下なら２１６円、他行なら２７０円、３万円以上なら同一支店は４３２円、他行は６４８円である。

りそな銀行の場合は、ＡＴＭを利用して現金を振り込むと、同一支店は３２４円、他行は８６４円もかかるのである。現金振込は１０万円以上できない。振込の回数だけ手数料がかかる。

現金の引き出しもおかしい。一度に50万円（１００万円もあるのが）しか引き出せない。しかも、その都度手数料を取られる。時間外に自分の口座から現金を引き出すと、みずほ銀行は午後11時から午前8時まで２１６円手数料が発生する。

ちなみに郵便局（郵貯）と、証券会社（証券会社負担）は、手数料がかからないようになっている。いったい振込手数料の金額は、どのような計算根拠のもとに決められているのか？　監督官庁は承知しているのか？　許可制なのか、届出制なのか？　日銀はどのように関与しているのか？

設備に資金がかかっているから、償却資金として手数料を取っているということなのか。預金金利がほとんどゼロ状態で、利回り数パーセントの金融商品しかない時代に、高い振込手数料を課しているのは納得できない。金融機関のぼろ儲けは横暴ではないのか？

さらに付け加えれば、これから金融機関の預金通帳に管理費がかかるようになると言われている。振込料を負担させられ、金利のない預金にため息をつく庶民。銀行には一般国民からの預金はありがたくないのだ。なぜなら、日銀から無利子でいくらでも資金調達ができるのだから。一般国民の怒りの矛先はどこへ向ければいいのだ。

金融機関の頂点に君臨する〝日銀様〟

金融機関のこれまでの社会における横暴ぶり、独善ぶりは、政治を動かし、法を改正してまで利益を追求してきたことが明らかにしている。じっくり落ち着いて考えてみると、金融機関の目に余る所業を許しているのは、金融機関を監査する立場にある日銀と財務省なのである。まさしく〝財務省様〟〝日銀様〟は、決して自らの非を顧みることはない。

その日銀のミスリードが主な原因なのだが、銀行業務が大きく変質してきている。高利貸し金融会社を買収して、高金利の運用をする。クレジット金融で大儲けをする、住宅ローンで長期安定運用利権を確保する、日銀からタダ同然の金を借り国債を購入して金利差儲けをする（その原資は国民の税金なのだ）。

いちばんあくどく許しがたいのは、不良債権の無税償却を法律をつくって認めさせただけでなく、その以降大手金融機関だけでも年度決算において、数兆円の利益を出しているにもかかわらず、所得税を払っていないことである。そのためだろうか、従業員は、国民平均所得を大幅に上回る所得を得ている。この理不尽さに怒りを感じないだろうか。

アベノミクス経済が、日銀の超金融緩和政策という黒田総裁頼みでダメなことは、安倍内閣の３年間の経過を見れば火を見るより明らかであろう。

これからさらに同じ金融政策を継続しても、消費者物価を上げることはできないだろう。世の中の金融機関の持っている金の流通の大小だけで景気が左右されるわけではないのだから。シンプルに言えば、下々に至るまで金が回っていないのに、消費に回るわけはないのである。

改めてBANKとは？

日銀について考える際に銀行、英語ではＢＡＮＫ（バンク）だが、その起源から考えてみよう。

そもそも銀行（バンク）は、人びとの財産や貴重品を保管したり、穀物や家畜を貸したりする穀物倉庫「倉荷証券」の役割を果たし、また、両替（通貨の交換）手数料稼ぎ等が起源だった。12世紀ころ北イタリアの両替商が使っていた長机（ＢＡＮＣＯ）が、ＢＡＮＫ（銀行）になったとも言われている。

日銀、すなわち日本銀行は明治10（１８７７）年、明治政府は多くの紙幣を発行したため貨幣価値が下落したので、その価値を守るために明治15（１８８２）年に設立された。以来、日銀はお金の価値を安定させる役目と、物価、資金の流れを安定させる金融システムを保持する役目を担ってきている。

日銀は「政府の銀行」「銀行の銀行」「発券銀行―日本銀行券の発行」という3つの役割をもっている。一般の個人や会社とは取引はしないが、民間企業が発行した手形や社債などを買い入れている。間接的に金融することがある）

日本では、明治12（１８７９）年までに１５３の国立銀行が設立された。同時期に江戸時代より越後屋三井両替店を経営していた三井組は、明治９（１８７６）年に日本最初の私立銀行を開業している。そして、多くが都市銀行へと発展していった。

時代が下って、バブル経済時代の都市銀行は、破たんや先行き不安から、合併や離合集散をくり返し、現在の都市銀行として２００６年以降残ったのは、三菱東京ＵＦＪ銀行、三井住友銀行、みずほ銀行、りそな銀行の４行体制である。

金融システムを守るという大義名分から政府は税金を使い、金融機関の再編成から救済など様々な施策を行なってきたが、銀行の銀行といわれる日銀は名目ではなく実質的に何の役目を果たしてきたのだろうか？

民間の企業運営に国が関与していいのだろうか？　民間の企業を国は税金で救済することは正しいことなのだろうか？

金融機関の破たんは、社会に与える影響が大きいなどと言い訳を垂れ流しながら救済してきたわけである。

では、同じ資本主義国のアメリカで国が民間の金融機関を救済しているだろうか。

日銀はわが国唯一の中央銀行

日銀はわが国唯一の中央銀行である。日本銀行法の規定に基づく認可法人であり、政府機関や株式会社ではないと言っている。正式な名称は「にほんぎんこう」である。創立は明治15年（1882）年。創立者は大蔵卿（現財務大臣）松方正義。

ＦＲＢ（連邦準備制度理事会）は1913年に設立されたが、日銀の設立はそれより早く最初から中央銀行としてスタートした。

世界と肩を並べるべく近代化を急いでいた当時の日本は、明治10（1877）年に西南戦争が勃発して、内戦状態にあった。戦費をねん出するために政府の財政は火の車だった。

明治5（1872）年、明治政府は伊藤博文の発案により「国立銀行条例」という法律を制定した。国立銀行というのは国有銀行ではなく、国の許可を得て設立された民間銀行である。

明治政府が認めた銀行は、銀行が発行する紙幣の兌換（いつでも金と交換できる）を維持することを目的としたものだった。そのために資本金の4割を金として準備しなければならないハードルの高いものだった。

ところが、西南戦争が起きて、明治政府は兌換券でない政府紙幣を大量に発行するようになる。国立銀行も自行の紙幣を乱発する。結果、インフレ状態になった。国内に無統制に銀行券が発行されて、日本経済が混乱を来す過程で中央銀行の設立の必要性が叫ばれるようになった。

日銀の創設によって、政府紙幣や国立銀行が発行していた銀行券は回収され、日本銀行券に統一された。ここに日銀はわが国唯一の発券銀行となったわけである。そのために市中に流通していた貨幣の量は激減し、デフレが発生した。この現象は「松方デフレ」と呼ばれたものである。

ついでにふれておくならば、日本銀行誕生当初は銀本位制で、本格的な金本位制に転換するのは日清戦争に勝利したあと、明治30（1897）年のことである。

教科書風に知識として整理しておけば、日本の金本位制は大正3（1914）年に一度停止し、昭和4（1927）年に「金解禁」として復帰する。そして、金本位制が廃止されたのは昭和6（1931）年に高橋是清が大蔵大臣に就任したときだった。以来、今日まで金の保有量に関係なく、日本銀行券を発行できるようになっている。

日銀の目的は物価の安定と金融システムの安定

改めて確認しておこう。日銀は日本国の中央銀行として通貨および金融の調整を行ない、銀行券の発行できる唯一の中央銀行であり、物価の安定を図ることを通じて国民経済の健全な発展に資することを理念としている。

日本銀行の二大目的

1　物価の安定

2　金融システムの安定……金融機関に対する決済サービスの提供や、最後の貸し手の機能の適切な発揮によって安定を図る。

明治15年6月に制定された日本銀行条例に基づき明治15年10月10日より業務を開始。業務内容は、中期経営計画、金融政策、金融システム、決済・市場、銀行券、国庫、国債、国際金融、調査・研究、統計、広報等多岐におよんでいる。

主な業務を簡単にまとめておく。

○日本銀行券の発行

安定供給を諮り、銀行券の信任を維持。銀行券は独立行政法人国立印刷局より製造されている。銀行券を金融機関とのあいだで受け入れ、支払いを行い、銀行券の監査を行っている。ほとんどの金融機関は日本銀行に当座預金口座をもっている。その当座預金口座を通じて引き出された銀行券が金融機関を通じて市中に流通していく。

○国債に関する業務

国債の発行……入札の通知、応募の受け付け、払込金の受け入れ。
国債の登録、振替決済……登録、決済など。
国債の元利金の支払い……利払い、償還、券面の回収
国債とは、政府が債券を発行して国民や一部の外国人法人から借金をすること。国民といっても、国債を持っているのはほとんど大企業および銀行、生保、年金基金、投資ファンドなどの大手金融機関である。

○外国の中央銀行や国際機関との取引

保有する外貨資産運用のため主要国の中央銀行や国際決済銀行（ＢＩＳ）に対して、現地通貨建ての預け金勘定や有価証券などの保管業務を持ち、安全かつ効率的運用を行なう。国際金融に関連した国の業務を行なっている。

○国際収支統計

物を輸出したり輸入したり、海外に工場をつくったりすると、日本と海外とのあいだで収支が起きる。それをまとめたものが国際収支統計といい、経済金融取引や決済資金の流れなど、いわば家計簿や出納帳のようなものだ。

ＩＭＦ（国際通貨基金）には、２０１５年7月現在１８８か国が加盟している。日本は財務大臣の委任を受けて、日本と外国との経済金融取引の集計、記録した国際収支統計を作成している。

平成26年度の国際収支は7兆８１００億円の黒字（海外投資による収益、配当などが寄与）だった。

○日本銀行法改正

日本銀行法が制定されたのは、昭和17（１９４３）年2月。昭和24（１９４９）年6月の改正で最高意思決定機関として政策委員会が定められた。

政策委員会は日本銀行の最高意思決定機関として9名で構成されている。総裁、副総裁（２名）は国会の同意を得て、内閣が任命する。任期はともに5年。総裁、副総裁を補佐する理事（６名）は、政策委員会の推薦を得て、内閣が任命する。任期は4年。そのほか、審議委員（６名）は国会の同意を得て、内閣が任命。任期は5年。監事、参与。マイナス金利も、この政策委員会で決定された。

政策委員会は金融政策決定会合を月2回開催。平成10年1月から実施している。

政策委員会・金融政策決定会合は、アメリカの連邦公開市場委員会（ＦＯＭＣ）、イギリスの金融政策委員会、ＥＣＢのＥＣＢ政策理事会に相当するものである。

さらに、平成9年6月、独立性と透明性を確保するために日本銀行法は全面的に改正されて、新日本銀行法が平成10年4月1日から施行された。

改正の主なる趣旨は、経済の市場化・国際化など金融経済環境の変化に即し、21世紀の金融システムの中核にふさわしい中央銀行をつくることは、グローバルスタンダードを踏まえて日本の金融システムを再構築していくためにも必要だったということである。

○金融政策の独立性の確保

金融政策運営を政府から独立した中立的で専門的な判断に任せることが、独立性を確保するには必要との考えに基づいている。

○透明性の確保

金融政策運営の透明性を、政策の決定プロセス、内容の透明性の高さが重要であるとの考えから、金融政策決定会合の内容は速やかに公表することになっている。

政策委員会に政府代表が委員として入っていた旧来の制度は廃止され、政府からは必要に応じ、金融政策を審議する政策委員会だけに出席することになった（ただし、政府からの出席者には議決権はなし）。

その一方で、政府と連絡を密にし十分な意思疎通を図る（新日本銀行法第４条）ことは必要だとしている。さらに政府代表による「議決の延期を求める権利」（新日本銀行法第19条）という制度も採用されました。しかし、議決を延期するか否かあくまで政策委員会が決定するということである。

新日本銀行法は「中央銀行の独立性を尊重しながら、政府との意思疎通を制度的に確保するため明確かつ透明性の高い仕組み」を取り入れたということだが、ほんとうにそれは可能なのだろうか？

政策委員会９人の選任は、衆参両議院の承認が必要なのである。簡単に言えば、人事権は政府にあり、政府の意向を無視できないどころか、独立性を保つことなどできるはずもない。

良いか悪いかは別として、日銀単独の判断で金融政策、物価の安定などできるはずもないと思うのだが……。

中央銀行は民間企業としてはじまった

日銀は、日本銀行法に基づく財務省所管の認可法人であり、日本国の中央銀行である。実態は株式会社日本銀行（にほんぎんこう）である。中央銀行である日銀は国有銀行ではなく、民間企業である。中央銀行は、どうして民間企業なのか？　中央銀行制度というのは、政府からの独立性を確保し、その中立的・専門的な判断に金融政策の運営を委ねるシステムである。あえて中央銀行を政府とは別の組織にしたのは、マネタイゼーションを避けるためだという見方もある。

マネタイゼーションというのは、政府が発行する国債を、中央銀行が通貨を発行することで直接引き受けることをいう。簡単にいえば、国債の貨幣化ということである。中央銀行による財政赤字の穴埋め措置という側面もある。マネタイゼーションは社会的に出口がむずかしい。中央銀行による財政ファイナンス、つまりマネタイゼーションは社会的に出口がむずかしいといわれている。マネタイゼーションによる国債発行によって政府が支出を拡大するからだ。

中央銀行が国債を購入することで金利を抑えているので、一時的に効果があるように見える。しかし、これを辞めようとすると景気が悪くなるので、やめられない。それで追加的に続けると、そのときの短期的なコストはないように見えるので、結局、公的債務が膨張を続けるということになる。それは、中央銀行制度そのものの根幹にかかる議論になっていくという見方である。

日本では、悪性のインフレを超す恐れがあるとして、財政法第5条によって、特別の事由がある場合を除き、中央銀行（日銀）による国債の直接引き受けは禁止されているが、実際には日本銀行は市中からというかたちで国債を引き受けている。

世界でいちばん古い中央銀行として知られているのは、スウェーデンのリスクバンク（創設1668年）だが、世界の範となった中央銀行の役割と存在が記されるのは、1694年に創設されたイングランド銀行（BOE）である。

イングランド銀行の誕生は、歴史の教科書をひも解けば、ジェームズ二世がフランスに亡命して、達成された名誉革命後のことである。当時のイギリスの財政基盤はもろく、債務を増やし続けていた。「権利の宣言」を受け入れて王位についたウィリアム三世・メアリ二世の統治下で政府債務は膨張していった。さらに、アメリカの植民地をめぐるフランスとの戦争が起こりイギリス財政は悪化するばかりであった。

イギリスはどこから借金をしていたかといえば、ロンドンのシティの金細工職人などの商人（発展して金匠＝goldsmithとなる）から多額の借金をしていた。当時の商売は金貨が使われていたが、その都度金の預かり証で金貨を引き出していてはめんどうということで、預かり証自体が金貨と同等の価値をもつようになっていったのである。

預かり証の決済が普及していくにつれて、常に金庫の中には金貨が残るようになる。その金貨を他の商人に貸しだそうと考えるのは自然の流れである。そこに、貸しだした金貨に対して利子というものが生まれる。これが金貸し業＝銀行のはじまりとなっていくわけである。

金貸しがいちばん懸念するのは貸し倒れだ。多額の金を貸しても、貸した金が確実に戻って来ることを考える。そこで、安全安心を担保に金貸し業が目をつけたのが国家である。すでに国家へ金を貸していたわけだが、イングランド銀行の設立を立案したウィリアム・パターソンという人間が音頭をとって、１２０万ポンドの資金を公募して、国家に貸し付けた。

そして、イングランド銀行はイギリス政府の貸し付けの見返りとして、独占的な銀行券発行権（紙幣を発行する権利）を手に入れた。他の民間銀行も徐々にイングランド銀行の銀行券を使用するようになっていった。

結果、国家は中央銀行から借金をして財政を維持するあるいは立て直すという「中央銀行制度」が誕生した。それゆえ中央銀行は「政府の銀行」としての役割を期待され、担い民間銀行としてはじまったわけである。ちなみにイングランド銀行は現在国有銀行になっている。

もし、中央銀行がなければ、国はどこから借金をすればいいのか。国と中央銀行とは、必要不可欠な関係なのである。いろいろむずかしいことをいっても、要するに、国家は中央銀行から借金をして財政を維持する制度が「中央銀行制度」にほかならない。紙幣を発行しているのは国家ではなく、中央銀行なのだ。ただし硬貨は政府が発行している。その中央銀行は、利潤を追求する株式会社であるということは重要なポイントなのである。

しかし、日本銀行は、株式市場に上場しているのにもかかわらず、みずから株式会社ではないといっている。このことを、マスメディアも問題視しないのは実に不思議でならない。

なぜ中央銀行は国の経営ではないのか？

中央銀行が民間企業なのは、たぶん民間のほうが金を貸す金融機関として何かと有利で都合がよく、その国の政治や経済などを金の力でコントロールできる、いわば影の勢力を保持するためだと考えられる。事実そのような体制を築いてきた歴史なのかもしれない。

民間形態を採っているのは、かつて紙幣は金の引換券、いわゆる兌換紙幣の時代からという見方もある。銀行は持っている現物の金、その金の量に合わせて、引換券である紙幣を発行していた。中央銀行と政府の財政を切り離すことで、中央銀行の信頼性を高めていた。要するに政府が勝手に中央銀行の金に手をつけられなくしていたというわけである。

国民一人ひとりが使用する通貨、貨幣の発券は民間企業が行ない、財務省から流通権利をもつといっているが、国が管理運営できないようにして、国民のためといいながら一民間企業にその運命を任せているとは考えたくないのだが、それでいいのか？　国民もそのことに何らの疑問をもっていないのが不思議である。

政治家は国の運営を任せた国民の代表である。だとすれば、政治が時には命より大事な場合もあるお金「貨幣」の運用管理をすべきではないのか。なぜ民間企業に任せているのだろうか？

ちなみに国（政府）は、国債の利払いだけで年間30兆円も支払っている。その金利は国民の税金から支払われているのだ。政治と金融を分離して、政治が金融分野に影響を与えないように独立させているといっているが、私は政策が金融政策が政治に与える影響は大であり、その財務政策との相乗作用によって効果が生まれることがむしろ望ましいことではないと思っている。

日本銀行（中央銀行）は政府に依存ありやなしや？　そのことの議論があまりない。

しかも、紙幣の印刷は、国立印刷局で行なわれている。民間の日本銀行に紙幣発券の権利を持たせ、国民の財産（役所）である印刷局で発行金額の数分の一の原価で印刷させて日銀に納入されているわけである。印刷局から日本銀行に納入される金額、つまり、引き渡し価格は、1万円札は22・2円、5千円券は20・7円、2千円券は16・2円、千円券は14・5円。日本銀行に営業利益供与しているのではないのか？

一方、硬貨は造幣局で国が製造発行して流通させている。なぜ二重構造にしているのだろうか？硬貨も紙幣も同じ円（金）ではないのか？

日銀の政策はなぜ効果がない？

政府と日銀のかかわりのあいまいさは、歴代の日銀総裁は何をいっても、結果責任を持たないことが象徴している。通り一遍の批判を受けたとしても、無責任で通してしまう。一般の事業会社のトップならば、当然責任を取って辞任したり、進退伺いを提出したりせざるを得なくなる事態に陥っても、平然としている。

日銀は政府から金融政策の独自性を保証されている。目標と目的、手段は金融政策とともに日銀が決めることになっており、政府は口出しができない仕組みになっている。政府は意見として「望ましい」「期待する」「役目を果たしてほしい」などと及び腰でいうことはできますが、やれと強制できないし、命令もできない。

日銀の金融政策は無責任で、掛け声ばかりで約束がないのだから、批判も批評もできないのだろう。責任のないところには、できなかった理由の説明も空疎だし、効果も期待できないのは当然のことである。

優秀な役人がそろっているのになぜ改革ができない？

ここ10年近くの東証株価の動きを振り返ってみよう。

２００９年３月：７０５４円～２０１０年４月：１万１３３９円（１兆円の外国人買いによる）

２０１３年12月：１万６２９１円～２０１４年12月：１万７５００円（１兆２５００億円の外国人買い）

２０１７年１月４日の大発会では、４年半ぶりに上昇。１万９５９４・１６円となった。

日銀による超金融緩和政策によって大幅な紙幣供給される金融拡大政策でハイパーインフレを心配

すべきではない。だぶついている金融機関の資金が外国ファンドなどで高金利な融資運用を行い、その資金が東京証券取引所に投資され株価が上昇している構図では、ただ単に外国人投資家に金儲けのマーケットを提供しているだけで、わが国の経済に寄与しているわけではないと認識すべきだろう。

東京証券取引所の売買は、外国人投資家（海外ファンド）が取引の70％を占め、日本人投資家は20％に過ぎない。外国人によって売買が独占され、操作され、運用され、利用されているのだ。

そのように資金が流動している事実を知りながら、日銀は何らの手も打っていない。消費者物価が2％を超えるような事態になるなら、金融引き締めをすればいいと考えているのだろう。

問題は、超金融緩和政策によって、多量の紙幣が市中にあふれてハイパーインフレになるのではないかと怖れるのではなくて、滞留している紙幣を国民、中小企業、個人事業主にきちんと回るように金融機関に対しての指導、監督を厳しく行なうことなのだ。

たとえば、上場企業の株式投資をしたいから購入額の50％ほど融資してほしいというニーズがあるのに、金融機関は融資をしない。年間利回り10％で運営できる不動産賃貸事業のために不動産購入をしたいと申し込んでも、なんだかんだとわけのわからない理由をもちだして融資に応じてくれない。

金融機関の資金調達はいくら利息をつけて、国民から資金調達をしているのだろうか？　日銀からいくらの利息で資金調達をしているのか？　ほとんど無利息に近いのではないか思う。そんな資金調達をしておきながら、なぜ国民の資金調達に寄与しようとしないのか。金融機関としての役目、社会的使命が履行されていないのでは？　その役目が終わったと思っているのだろうか？

バブル崩壊後、政府や国民は金融機関をどれほど特別扱いしてきたことだろうか。法人税を免じたり、サービサー法なる片手落ちの法律で保護したりしてきた。金融機関に対しては、預金者一人当たり預金保護を1千万円までに免除し、これを超える金額は万が一のときには保護しないと立法したり（ペイオフ）、ＢＩＳ規制により銀行倒産の危機に陥りそうになれば、国民の税金で賄うように保護したりしてきた。

まだまだある。リーマンショックの際には、大銀行が数兆円の損害を出したので、増資してマーケットから資金調達して、景気回復の足を引っ張った。枚挙にいとまがないほど金融機関の横暴は保護されてきた。何度でも言わなければならない。

私たち一般の国民にお金が流通するようにならなければ、消費者物価も景気も何も改善されない。日銀だけでなく、財務省をはじめこの国には優秀な役人がそろっているのに、なぜ改革ができないのか、不思議でならない。

マイナス金利の効果は?

日銀は2016年1月29日の金融政策決定会合で導入した「マイナス金利付き量的・質的金融緩和」を発表した。9人の政策委員のうち4人が反対したが多数決で決まった。

日銀は2%の「物価安定目標」をできるだけ早期に実現するため「マイナス金利付き量的・質的金融緩和」導入し、「量」「質」「金利」の三つの時限で緩和手段を駆使して、金融緩和を進めていくとしている

マイナス金利適用のスキームは、日本銀行当座預金を3段階に分割し、それぞれの階層に応じてプラス金利、ゼロ金利、マイナス金利を適用するものである。

日本の銀行のほとんどは日銀と当座預金取引がある。自分の銀行が顧客から預かっている預金の一定割合の現金(所要準備額)を「準備預金」として、日銀に預けることが法律で義務付けられている。

さらに現状では「超準備預金」といって、法律で定められた以上の準備預金が日銀に預けられている。超準備預金には年0・1%の利息が付くので、低金利で利ザヤが薄いうえに貸し倒れの危険性のある融資を行うよりも、超準備預金のほうが確かな利息を生み出すから、日銀の当座預金に預けているのだ。現在、日銀の当座預金残高は230兆円となっている。

今回の3段階の分割によって、超過準備預金分の210兆円については、従来どおり0・1％と金利がつく。新たな預けられる当座預金のうち法律で定められた所要準備額についてはゼロ金利となり、新たな超過準備預金にはマイナス0・1％の金利とするということである。

大騒ぎになったが、マイナス金利が付くのは、この超過準備預金20～30兆円のみということなのである。私たち国民の認識ではあまり聞いたことがないことなので、理解に苦しむのだが、その効果がどれほどのものなのかわからない。

確かに一時的に円高になり（元々企業の基準為替は115円を基にしているので、平成27年度企業収益は最高益を出している）、東証株価も上がったが、すぐに株安に転じてしまった。

マイナス金利になれば、金融機関の運用資金が当座に置かれるよりも市中の融資に回るようになるだろうから、景気が好転するなどと言われたが、むしろ国債購入に走っているのでは？　実態は消費者金融に走っている！　中小企業や個人には何ら目立った変化はない。大方は別の世界の話をしているのでしょうと、無関心である。

住宅ローンの金利も下がるという話もあるが、元来金融機関が長期安定運用先としての政策的ローンなので、いつでも元に戻すことができる。効果は限定的だろう。市中の金融機関の貸し出し金利を下げる効果があるというものの、超金融緩和政策だけでは効果がでないということで、この手もあったのかと導入したのかもしれない。金融緩和の選択肢を追加して、量と質だけでなく金利を取ることによって、効果を出そうという戦法なのだろうか。

マイナス金利政策は欧州中央銀行（ＥＣＢ）、スイス銀行などで実践されたことがあるが、効果のほどは検証されていない。

日銀は国民のデフレ心理の転換が必要だと言い、インフレを期待するような心理が大事だと言ってきた。国民に対する心理作戦のために、今回のマイナス金利というサプライズを考えたのだろうか？いずれにしても、アベノミクス経済政策を確実に成功させなければ、日銀の金融政策に頼ってはいけないし、期待してもいけないということなのでないかと思う。

２０１８年４月、日銀次期総裁選び

２０１８年４月には、次期日銀総裁が選ばれる。日銀総裁の任期は５年、よほどのミスがなければ解任されない。「異次元金融緩和」は４年を経過し、「黒田バズーカ砲説」も飛び交っていたが、現黒田日銀総裁も無事に任期を全うすることになるだろう。

安定した収入が保証され、委員会が開催されていないときは出勤しなくてもいい。参加したときには特別経費支払いがある。いかほどになるか知らないけれど。

日銀の政策委員会委員は、衆議院、参議院の同意を持って内閣が任命する。時の内閣によって推薦され、任命された委員が、政策や政治に影響されないで、独立して日銀の金融政策に忠実に役目を果たせるものだろうか？

イギリスの中央銀行が国立になったように、政治と金融政策などは一対に運営されるほうが合理的ではないかという判断も成り立つのだが。

いずれにしても、中央銀行は政府の影響を受けていることは否めない。

アメリカのＦＲＢ（アメリカ連邦準備制度理事会）の現在のイエレン議長も、来年は任期満了を迎え、次期議長選びとなる。

アメリカの歴代のＦＲＢ議長の変遷を見てみよう。

レーガン（共和党）からカーター（民主党）に政権が以降したときは12代ボルガー議長が再任された。クリントン（民主党）ブッシュ（共和党）への政権交代時は、13代グリーンスパン議長が再任された。ブッシュ（共和党）からオバマ（民主党）政権交代時は、バーナンキ14代議長が再任された。

オバマ政権からとトランプ政権への交代はどうなるか。トランプ大統領は、自らの影響力を行使しやすい人物を考えているようだ。しかし、歴代の大統領はＦＲＢ議長を再任してきたことで推察できるように簡単なことではないだろう。

ＦＲＢは米国金利を高め誘導することに、単独、独自に決定する権限を持っているので、大統領であっても次期議長候補に自分の考えを通すのは容易なことではない。そこにジレンマを感じているかもしれない。

ＦＲＢのパウエル理事、プレナード理事、フィッシャー副議長、さらにニューヨーク連銀ダドリー総裁など皆アメリカ経済が回復に向かい、物価も上昇、そろそろ金利を上げてもよい環境が整ったと発言している。

その影響は２０１７年３月はドル高円安になり、３月２日の円は１１４円を超え、東証株価１万９５６４円と高騰した。ドル高（円安）になると、株が上がり、貿易収支が黒字になる。

米連邦公開市場委員会（ＦＯＭＣ）が利上げを発表すると、株価はさらに値上がりして2万円を超え、さらに円安になることだろう。

日本にとってよいことになるが、そこには大きな危険もはらんでいる。日本市場では外国人による株式取引が70％を超え、さらにヘッジファンドが参入すると、上下落リスクが大きくなり、マーケットは混乱するだろう。日本の投資資金など風前の灯になる可能性もある。

日銀株が20％も買われることになったら、どうなる？　だれが、いかに責任を取るというのか？そんな危険性などまったくないと言い切れるだろうか？

時期ＦＲＢ議長選びの影響はすこぶる大きいということである。個人的な優劣を比較するわけではないが、アジアの中央銀行総裁として世界的に評価の高かったインド中央銀行ラグラム・ラジャン総裁の後任選びは、大いに注目を集め、結果的にはラジャン路線を踏襲するパテル副総裁が就任した。

個人的な優劣を比較するわけではないのだが、黒田総裁の後任への期待、関心はどれほどのものなのだろうか？　寂しくないか。

[4] 日銀は上場しているのに株式会社ではないそうだ？

日銀の資本金はたった1億円しかない

日銀の資本金がいくらかご存知か？　日銀の資本金は現在の金額でも1億円である。総資産が336兆円以上もある（平成27年9月30日現在）。

日銀の資本金が、どうしてこんなに少額なのか？

日銀は明治15（1882）年、日本銀行条例により資本金1千万円で設立された。昭和17年2月、日本銀行法が公布され、日本銀行法に基づく日本銀行が資本金1億円で誕生した。

その後、平成10（1998）年に、新しく日本銀行法が改正されたが、資本金は据え置きで現在も1億円のままである。戦前の1億円を現在の貨幣価値に換算すればいくらになるか。少なくとも兆円単位になる。

ちなみに中央銀行の総資産のGDP比は10％前後が平均である。FRBで25％、ECBで22％である。

組織規模を日本の大型金融機関と比較してみよう。

三菱東京UFJファイナンシャル・グループ

資本金2兆1415億円　総資産286兆1497億円（2015年9月現在）

三井住友フィナンシャルグループ
資本金2兆3378億円　総資産183兆4425億円（2015年3月現在）
ということで、日本銀行の資本金1億円という額をどう理解すればいいのか。このことを問題にするメディアも学者もほとんどいない。

日銀の出資証券って何？

日銀が株式市場に上場しているのをご存知か？　いつでも私たち国民は日銀の株式を購入することができるのである。にもかかわらず、日銀はこう言っている。

――日本銀行はわが国唯一の中央銀行です。日本銀行は、日本銀行法によりそのあり方を定められている認可法人であり、政府機関や株式会社ではありません。

認可法人というのは、特別の法律により設立され、かつその設立に行政官庁の認可を必要とする法人のことである。つまり、日本銀行は国民に紙幣を発行する銀行でありながら、政府機関ではないといっているのだから、まぎれもなく民間組織である。さらに、株式市場に上場しているのに株式会社ではないと言っている。

——日本銀行法では「日本銀行の資本金のうち政府からの出資の額は5500万円（55％）を下回ってはならない」と定められている。

日銀の出資者に対しては、経営参加権が認められていないほか、残金財産の分配請求権も払込資本金等の範囲内に限定されている。また剰余金の出資者への配当は払込出資額に対して年5％以内に制限されている。しかし、一度も5％配当がされたことがない。要するに、株数を口数といい、株主を出資者と位置づけて経営参加権を認めず、配当金を剰余金と言い換えて制限を加えている。国民をばかにしているのだろうか？

日銀の出資証券とは何か？

日銀では、日本銀行法第9条に基づき、出資持分に関し、出資証券というものを発行している。出資証券というのは、日本銀行や農協など特殊法人が発行する、出資者の持ち分を表す有価証券のことである。出資証券は金融商品取引上の有価証券となる。日銀の出資証券の証券コードは「8301」である。特殊法人とは、公益性の高い国家的・公共的な事業のための特別な法律の基に設立された法人のことである。

日本銀行法第8条には「日本銀行の資本金は1億円です。その55％が政府から、45％が民間からの出資です」と書かれている。

出資証券は記名式で、1口券、10口券、100口券、1000口券、10000口券の5種類があります。一口の金額は100円です。

また、日本銀行の資本金のうち政府からの出資額は、5500万円を下回ってならないと定められている（日本銀行法第11条）ということは、民間からの出資額は4500万円以下ということになる。

日本銀行の出資証券は、東京証券取引所のJASDAQ市場への上場銘柄として売買されている。日々の値動きや売買高は、気がつかない人が多いのだが、ちゃんと新聞の株式欄等に掲載されている。

上場しているのはわかったが、どうして東証1部ではないんだと不思議に思われる方もおられるだろう。資本金1億円では1部上場にはならない。

日銀は中小企業なのか？

日銀の出資証券の売買は安くない。売買単位は100口（株）からだから、2016年3月14日の最低売買価格は3万5500円を考慮しても、400万円近く用意しなければならない。日銀の余剰金の処分に当たっては、財務大臣の認可が必要になる。配当率は額面金額（1口100円）に対して年5％を超えてはならないと定められている（日本銀行法53条第4項）。改めて強調していくが、一度も5％配当がされたことがない。

配当原資は1億円の5％だから、500万円ということになる。一単位当たりの売買価格と配当金を踏まえた投資利回りを計算してみれば、数円ということになる。配当後の剰余金は国庫に納付する。各事業年度の剰余金の100分の5は、毎年いくらの準備金として積立金があるのか？　そもそも出資証券なら毎日の相場にいかなる意味があるというのか？

さらに、日銀の出資者の権利は、会社法における株主の権利とは大きく異なっている。日銀には、株主総会に相当する出資者総会なるものは存在せず、出資者に議決権の行使が認められていない。であるならば、私たちの知っている株式会社ではないではないか？

上場している理由はどこにあるのか？　いっそ国有にすべきではないかと思うが、どうであろうか？

なぜ日銀は上場しているのだろう？

株（出資証券）の売買にはいろいろな制約がつけているのもかかわらず、日銀は上場している。多くの人が、どうして日銀は上場しているのか疑問に感じるのではないか。日本銀行の上場の意義はどこにあるのか？

　一般論としては、国からの独立性を明確にするために上場している、だれが出資者なのか情報をつかむために上場しているなど言われている。

　あまり注目されることはないのだが、バブルの絶頂期、１９８８年の日銀の株価は７５万５０００円だった。最安値は１９８４年の１万８０００円である。日銀の値動きはけっこう大きいことがわかる。日銀が最高値をつけていたころ、私は正月を故郷の田舎ですごそうと宮城県の実家に帰省した。その折、母親にお年玉（お小遣い）を上げようと思って、日本銀行券（万札）数枚と、日本銀行株券を出して、どちらがいいと聞いてみた。

　母親は即座に日本銀行券（万札）のほうを選んだ。

「この株券は70万円以上するんだよ。それだけじゃない。裏に所有者の名前を書く欄があるから、有名人になったようでいい気分になるじゃないか」と、私。

「おまえ、お札はすぐに使えるじゃないか。株のことはわからないし、本物であるかどうか見たことがないからね」と、母親。

　母親の素朴なこたえは、そのときの私を強く納得させた。数十年経った今でも、多くの人が同じようにこたえるのではないだろうか。

ちなみに上場企業の株券は2009年1月に電子化されているが、日銀の出資証券は現在も法律上の理由で、電子化されていないので、現物を手にすることができる。譲渡される場合などの諸手続は、現物証券による取扱いになる。出資証券の売買や相続などで取得する場合は、次のような手続きが必要になる。

出資者として日銀その他の第三者に対抗するためには、その氏名または名称および住所が、日銀出資者原簿に記載され、かつその氏名または名称が出資証券に記載されなければならないと定められている。（日本銀行施行令第6条）。この手続をとらないと配当金を受け取れなくなる。また、出資証券の名義書換は日銀が行なうことになっており、証券会社等では行なうことはできない。

日本銀行法は会社法に優先する

改めて考えてみよう。日銀はジャスダックに上場している。それなのに、政府による55％の所有制限を定めている。こんなおかしなことは世界ではありえないことだ。

ＦＲＢは100％民間である。イングランド銀行は民間から国有銀行になった。どちらに振れても、中途半端ではない。

議決権もない。日銀はただ儲けしているのに、配当が5％以内？　実際の配当は？　明らかに普通法である会社法より日本銀行法の特別法のほうが優先されているのだ。だから、55％の所有制限をおいているということなのだろう。このあたりにも何かの力が働いているのか？

株主構成を見てみると、民間45％の内訳は個人37・8％。金融機関2・3％、公共団体0・2％、証券社会0・1％。その他法人4・6％となっている。

実際はだれが保有しているのか。個人とはどんな人か？　大企業は保有しているのか？　外国人の保有は？

外国人の投資家に買収されてしまう恐れはないのだが、何かと政策上意見具申されることになりかねないという危惧（きぐ）はある。

実質的に支配しているのはだれ、どこ？　日銀と財務省との力関係はどうなっているの？　改めて日銀（中央銀行）は民間なのか？　国営銀行ではいけないのか？

実質的な中央銀行のはじまりといわれているイングランド銀行は、すでに国有になっている。

すべての決定事項は、金融政策委員会が決めることになる。しかし、名目上とは違って実質的に財務省の支配体制になっているかのように見える。

果たして日銀は政府の政策からほんとうに独立して金融政策を実行しているのか？　日銀の株主（出資者）の45％が外国人の株主になったとしたら、それでもいいというのか。まったく不安はないと言い切れるのか？

現実に今でも外国人も日本銀行の株（出資証券）を買えるようになっている。いずれにしても、過半数を超えなければいいということなのか。

日銀は本来の役目役割を果たしているのか？

株式会社ではないと言いながら上場している日本銀行の不可解さ。株券ではなく出資証券と言うのなら、いっそのこと「特別行政法人」とでも公言したらいかがなものか。

独立性が日銀の理念を追求するうえで必要であると言っても、政府に55％を保有されていれば、政府の政策から独立した政策がとれるかどうか大いに疑問がある。民間であれば大株主の意見が尊重され、大きく影響されることは必定であり、人事問題から金融政策決定に至るまで問題提起されて不思議ではないのに、それができないのである。

黒田日本銀行総裁は就任以来、政府の政策を受け入れて、赤字国債を民間の大企業や金融機関が保有する国債の買い取りを実行している。平成27年度で80兆円を購入して、すでにその額が４００兆円を超えている。

もちろん物価の安定、デフレーション脱却のためといった大義名分のもとなのだが。アベノミクス対策の一環としての政策支援という側面もあるだろう。しかし、超金融緩和政策を実行しているにもかかわらず、消費者物価はマイナスになっており、実質経済も回復しておらず、所得も増加していない。日銀短観などを見ると、緩やかな経済回復しているなどと統計を出している。安倍政権もデフレ経済から脱却したと言っている。実に不思議な現象である。経済統計の数字というのは気分的なものなのか？

２０２０年のわが国のＧＤＰ６００兆円という目標もあり、物価を2％上昇させるという大義もあるだろうが、黒田総裁は当初の目標であった2年以内に達することはできなかったが、徐々に回復に向かっているなど表現している。般庶民、国民の実感としては景気が回復しているという感覚はない。実感としてスーパーなどの食料品は数十パーセントも価格が上昇している。

日銀の歴代総裁は、インフレーション対策は得意だが、デフレーション対策は苦手だなどと言われたことがあるが、アメリカでもヨーロッパでもデフレ対策として超金融緩和政策で成功した例は見られない。日本で初めて成功させるつもりなのか？

現実をよく見れば、中小企業、個人事業主、失業者、高齢者、フリーターなど労働者に資金が回っていない。金融機関はいろいろな言い訳を並べて融資に応じようとはしない。たとえばこんなふうに。

「保証協会の保証を付けてきてください」

「不動産は担保になりません。これからの金融機関は担保主義ではありません。保証人が必要です」

等々。

一方では、介護離職者を出さない政府の方針に従い、介護関係の融資には甘い。創業者支援などもやると言っている。いずれにしても政府の保証を当てにしての融資話のレベルの域を出ていない。日銀を目の仇にしているわけではないが、金融機関の金融政策をある程度管理監督している立場なのだから、本来の金融機関が社会の中で機能すべき役目役割を果たしてこそ国民に対する責任の取り方ではないのか。

金融機関の倒産は金融システム崩壊につながると税金で助けたり、合併や統合という名のもとに援助救済したりして、金融機関だけが特別保護や救済を受けていることに対して、国民の一人としてはなはだ納得がいかない。

日銀は機関投資家なのか？

日本経済に関して海外の見方も厳しいものがある。ＩＭＦ（国際通貨基金）は、日本経済に関する年次審査報告において、日本のＧＤＰ（国内総生産）は中期予測で０・７％と予測している。日本の財政再建の健全化を疑問視しているわけである。平成27年（２０１５）においては、平成28（２０１６）年中期で実質成長率を０・８％～１・２％としていたが、財政健全化の構造改革の政策が不完全であるため、見通しを下回ったのである。

旧聞に属するが、日本の大手企業である東芝の粉飾決算が明るみに出た。４年前からの調査を受けていて、社長以下主だった役員が辞職した。監査法人がいて、社外役員がいて、国税の審査が入っていながら、いとも簡単に決算を粉飾できるとは恐れ入った。どういう構造になっているのか見当違いの感心をしてしまった。

まさにいい加減な無責任な経営だったのではないか。チェック機能の実態は？コンプライアンスは？　企業理念はどこへ？　コーポレートガバナンスはどうしたのか？　利益の水増しがあったということだが、税金逃れでなかったからという屁理屈を使って、つまり、いわゆる脱税ではないからと安易に考えていたのか？

歴史のある優良企業であったのに、これほどまでに経営者の質によって企業というものは変わるものなのか。企業は社会の公器という言葉が、実に空々しくひびく。いったいどんな経営をすれば、こんな情けない結果を生み出せるのか。

利益追求第一主義で、投資の失敗か、競争に勝つためだったからか？　とにかく金がすべての理念に企業理念を変えたか？　東芝だけではない。パイオニア、シャープ、日本航空、ＮＴＴ、次は郵貯の投資運用額の処理……？　とくに金融機関の横暴や不正、手段は許せない。

平成27年6月1日時点の東証一部の時価総額はバブル期を超えて６０１兆５８５９億円となった。これは１９８８年2月10日～27日以来、27年以来の12連騰を記録した。日経平均株価も２万円を超えた。

これには　世界最大の機関投資家である年金積立管理運用独立行政法人、郵貯銀行、簡保生命、そして日銀による株式関与は明らかだ。いわゆる公的資金投入で株価操作をしていることになる。これは決してやってはいけない手法なのだが。中国が上海市場で３日間暴落をくり返したときに政府関与で株価操作をしたことを批判しておきながら、日本では許されるのか？

株価が下がったときにも、日本銀行の介入が見られる。株価が下がると買い支えに介入するということは、中央銀行と言うよりも機関投資家になっているのではないか。こんな状態の日銀なら本来業務から逸脱しており、株式市場や大企業の株価操作をしてはいけないはずではないのか？　求められているのは、本来の中央銀行ではないのか。

ＥＴＦって何だ？

日銀は、２０１６年7月の金融政策決定会合で、追加の金融緩和を決めた。株価指数連動型上場投資信託（ＥＴＦ）の年間買い入れである。約3兆３０００億円から約6兆円に倍増させる。

ＥＴＦとは、簡単に言えば、企業が発行する株式変換可能な投資信託で、社債などを言う。これを日銀が大量に購入しているのだ。もし株式に返還すれば、経営に直影響を与える権限を持つことができる数字である。

すでに日銀は間接的に（直接保有することはできない）10兆円相当保有している。２％物価上昇目標のための金融緩和政策と言っているが、間接的であったとしても、日銀が民間企業の経営に直接影響を与えるような投資は禁止されているはずで、本来の日銀の趣旨に反している。まさしく節操のない仕業である。

もし日銀がこのETFを売却すれば、株式市場は大下落することになる。株式市場の生殺与奪権を日銀が握っていると言っても過言ではない。東京証券取引の日経平均株価が1万9500円前後を推移しているのは、景気がよくなったからでも、株価が上昇して国民が儲かって豊かになっているわけでも、インフレになってきているわけでもないのだ。外資の投資法人や、一部の金持ちたち、大企業が儲けているだけで、その格差は大きい。一般国民は何らの恩恵を受けていない。

さらに平成29年度も国債を80兆円規模で購入する予定とのこと。政府の負債の規模は総額1100兆円にもなる見込みである。平成29年度を正念場として国債の処理対策を実行しなければならないのに、どうするつもりなのか？

加えてJ－REIT（不動産投資信託）も900億円購入を予定している。

GPIFって何だ？

日銀だけではない。GPIF（公的年金積立金管理運用独立行政法人）という組織がある。私たちの年金を株式市場等で運用する投資法人である。

平成28年は一時5〜6兆円の損失を出して国会で問題視されたが、利益を出すときもあるのだから、短期で判断しないで長期的視野に立ってみるべきだと、私たち国民はいなされた。私たちの年金がリスク投資によって損害を出して、支払いに影響が出るようならばだれが責任を取り、修復してくれると言うのだ。運用益を出すのも大事なことに違いなのだが、結局税金で補填されたのではたまったものではない。元金は安全確実支払いに決まっているのに、なぜそれほど大きなリスク投資などするのであろうか？

過去に民間投資法人に運用を委託して大きな損害を出したときの教訓が生きていないことはもちろん残念という言葉を超えてあきれてしまうのだが、未熟な役人に運用を任せたことはさらに問題であろう。そう決議、決断したのはだれなのか？

平成29年2月、トランプアメリカ大統領と安倍総理大臣との会談において、今後この年金資金を使ってアメリカのインフラ整備資金に投資すると発表した。金額にして50兆円規模である。日本の国民の年金がアメリカのインフラ整備資金として投資される。戻って来るのかね？　日本は米国国債世界2位の保有国だが、いつ償還されるのか？　結局無期限に返済（償還）されないのでは？

日本の場合も、政府の借金は1000兆円だろうと2000兆円だろうと償還する気もなく、税金で利息支払いを継続していくつもりなのか？　だれも責任を追及されないで、次世代に継承されていくことになるのだろう。この無責任体制、何とかならないものなのか。

［5］ 政府の借金を無くす最良の方法は 2つの中央銀行をつくることである

日本経済はデフレ経済から脱出できるか

黒田日銀総裁は、日本経済はもはやデフレではないと言い切った。アベノミクスと日本銀行との関係について、改めて考えてみよう。安倍政権はアベノミクスとして「3本の矢」を放った。

第1の矢　デフレマインドを一掃　大胆な金融政策

これは日銀による大量の国債、リスク資産の購入により、市場に出回る資金の量を2倍にしようという政策だ。すでに金額は約400兆円を超えている。株価の上昇や円安、景況感の改善期待などなんとなく景気がよくなったという気分はあるが、実感が伴わず実質的には個人の消費は少なくなっている。銀行の貸出も緩慢で、相変わらず住宅ローンや保証協会絡みの融資が大半だろう。

日銀は一般庶民や中小企業に直接融資できない存在なので、主に大手金融機関や大企業に資金供給しており、平成27年度、28年度だけでも各々約80兆円の資金が（国債購入という形で）金融機関に供給されている。

金融機関にはそれほどの資金があるにもかかわらず、中小企業や個人に対しての融資がどれだけ実行されたのか。株式購入には融資しない、不動産投資資金に金は貸さない等資金循環が途中でストップして消費が増加するまでもなく、新規事業に意欲が出てこない。中小企業に元気がないのも当然である。

一方、株式市場では、株式投資をしている外国資本や金融機関や大企業などが利益を上げたのであって、国民や中小企業が儲けたのではない。

第2の矢　機動的な財政政策

財政政策は主に公共事業への積極的財政の投入。雇用の促進と景気回復効果をねらったものである。2020年には東京オリンピックが開催されることが決まり、国立競技場の建設問題で論議を起こしたが、ようやく1500億円以内での建設が決まったようだ。関連する公共事業の雇用の確保をはじめ景気回復には即効的効果が見込まれるため大いに推進されるだろう。オリンピックの経済効果として30兆円を見込んでいる。

第3の矢　新たな成長戦略（日本再興戦略）

規制や制度の改革には新たな事業に対する投資、注力を打ち出した。まずは介護離職者を出さないことを一番にあげている。今後ますます高齢者の介護が増加するのに追いつかない就業者をどうするかということだ。介護者は年収250万円前後と報酬が極端に低いために離職者が多く、資格を持っていても就業しないというのが実情である。せめて生活保護者（たとえば杉並区の場合は年間170万円前後）の収入以上の収入がなければならないのは当然のことではないか。なぜこんな支給額になっているのか、実態の背景も知らされていないので、私たちにはよく理解できていない。

老人破産、高齢者破産という言葉があるが、年金支給額が生活保護支給額を下回る人たちのことを言う。相対的に年金支給を減額していく国の方針はどうかしていると思うのだが。

これ以上高齢者の生活不安を大きくしてどうするつもりなのか？　若い人たちが年金加盟をする意欲を削ぐつもりなのか？

有能な女性の能力を活用して生産性を上げることも掲げている。これには多く規制や慣習や性概念の改革からはじめ。報酬面でも男女の格差をなくさなければならないし、改善しなければならない事項は数多くある。

アベノミクスはこの「3本の矢戦略」により、10年間の平均で名目GDP（国民総生産）成長率を3％程度、実質成長率2％程度の実現を目指している。これにより10年後に一人当たり名目国民総所得のプラス150万円以上の拡大が期待されるとしている。顕在化する2本の矢の効果、問われるのは成長戦略の実行である。

一方では公的年金が平成25年10月から平成27年4月の間に2・5％引き下げられた。要するに支給額が減らされたのだ。平成26年〜平成27年には実質経済成長はマイナスであるのに、都内のスーパーなどでの食料品は値上がりしており、一般消費者の景況感はよくない。さらに、消費税が10％になったら大問題である。

実際のところ、日銀が政府の経済政策に連動して超金融緩和政策を行ない、すでに４００兆円を超える資金を国債の購入という手段で市中に供給しているのだが、どこまで購入を継続するのか。２年間も継続したにもかかわらず、一向に消費者物価がプラスに転じていない。

政府は約１０５０兆円もの国債を発行して、国民から借金をしている。年間２０兆円を超える金利を支払っており、平成28年度の国家予算の一般会計予算96兆円の内約20％以上の税金が利払いされている。しかも、国債保有者はほとんどが大企業や金融機関で、それらの企業の収入になっているわけだ。

平成27年3月時点で、日銀は国債利息収入が1兆円を超えている。また、大手企業の内部留保金（約２００兆円をこえる）を国は設備投資に投資すべきであると推奨しているが、経営者は自社の判断で金の使い道を決めるから、国の直接的意見など聞くわけはない。しかし、やはり日本では企業中心社会の運営となっているので、企業による協力は必至である。

安倍政権に期待すること

２０１５年6月1日現在、日本の総人口は1億２６８９万人。そのうち東京圏がその30％を占めている。現状は江東区がいちばん人口増が顕著に見られる。その背景には子育て支援効果が出ていること、医療費助成制度や児童手当など福祉政策が功を奏していることなどがあげられる。しかし、江東区は大体海抜ゼロメートルで東京でも地盤が低くて脆い地域だ。地震、津波など災害に弱点も見られる。

ＮＨＫの調査によると、平成27年度雇用は６４００万人、非正規社員２１００万人、失業者２００万人（３・３％）、求人倍率１２５％。この数字で政府は景気が順調に回復していると言っているのである。

議員定数の削減や、支出の監査機能の強化、政府規模の縮小が急務であるといわれながら、何ら進展していないのはなぜか。政治家自ら身を切ることができない、（国家公務員）役人を縮減できない政治家も情けないし、地方再生といいながら中央が邪魔立てしていては自由な発想も、改革もできないのではないか。

国民審査も必要だろう。ドイツなどは日本がバブル崩壊した間もなくのころ、25年前の東西統一後、旧東ドイツを抱えて苦労した。たとえば、西ドイツの１マルクの10分の１の価値しかない東ドイツのマルクを等価交換した。現在一人当たりのＧＤＰは日本よりも２割多く、財政収支は黒字である。日本とは大違い。何が原因で、日本はドイツの改革に遅れたのか反省すべきだろう。

公務員解雇（国民監査）はできる、これこそが実行できる改革案である。元みんなの党の渡辺喜美代表がやろうとして挫折した行政改革が、いまこそ必要なのではないだろうか？

公務員のスト権を認めるかわりに解雇できる制度をつくって欲しい。国民に対する奉仕の態度が著しく悪い役人、言動に問題のある役人、取立て屋まがいのことを平気でやる役人、素行態度が悪い役人、聞かれたことしか答えず、肝心の知るべきことを教えてくれない意地悪役人、サボタージュ役人など、数え上げたらきりがないほど国民にとって不必要な役人が大勢いる。

第一次安倍政権時代にできなかった改革を、第二次安倍政権で、ぜひ成立してもらいたい法律ではないだろうか。

平成27年1月には、欧州中央銀行（ＥＣＢ）は、超金融緩和政策を発表した。ギリシャなどは早速借金の繰り延べなどを要求し、インフレターゲット政策を実行できる野党が選挙に勝利した。

平成27年、米国ではアメリカ第一主義を掲げたトランプがクリントン女史を破り大勝利した。フランス大統領選では、右派の対立候補の女史を破り、39歳のユーロ是認派のマクロンが大勝利した。

経済はゼロ成長でも成長できる。自然成長があるからだ。デフレ政策を取りながら国民に税の増収を期待する政策では、マイナス成長になるのは必定である。

日本はこの20年何をしてきたのか、政治の責任は大だと言えるだろう。デフレ脱却といいながら。緊縮財政をしてきたのだ。日銀のデフレ政策の責任もあるが、政府としては完全にデフレを脱却するまで消費税などで増税するべきではないのではないか。

日銀は本当に国民のためになっているのか？

改めて、ここまで提起してきた疑問点を整理してみよう。

平成25（２０１３）年1月、日銀は2％の「物価安定の目標」を掲げ、黒田東彦総裁による「量的・質的金融緩和」が導入された。そして、安倍内閣発足時から、市中の国債（とくに金融機関が保有）を日本銀行が購入する形で発行した４００兆円近い金はどこへ行ったのか？　どこに隠されているのか？　なぜ日銀総裁の思惑どおり消費者物価が上がってこないのか？

そのことに対する反省はまったくみられず、平成29（２０１７）年7月20日の金融改革決定会合では、物価見通しを下方修正し、物価上昇率2％の目標達成時期を、2018年度ごろから2019年度ごろへと1年間先送りして平然としている。あきれるばかりである。

政府の発表する数字と私たち国民の実感値とはかけ離れているだけではなく、中小企業や個人消費者の実質賃金、さらに実質可処分所得は減ってきているのだから、どうして景気がよくなると思えるのか？

超金融緩和をしたとしても、市中とはいえ大企業や金融機関の抱えている国債を購入しているのであれば、日銀が発行した紙幣は大企業や金融機関に集中していることになる。市中の個人消費者、全企業数の99％以上を占める中小企業（中小企業庁調べ）に流通して生産活動に生かされていなければ、景気はよくならないし、経済は活性化しないのではないか？

わが国唯一の中央銀行である日銀という存在は、ほんとうに日本の国、国民のためになっているのだろうか？　中央銀行というのは、いったいどういう銀行なのか？　日本の株式市場が乱高下を起こして、株価が下がっていると買い支えに介入するというのであれば、日銀は中央銀行というよりも、大企業が発行するETFを購入（投資）しているし、為替の介入もしている機関投資家になっているのではないか？　日銀は、どうして民間企業でなければならないのか？　国有でいけないのか？　どうして日銀総裁、日銀は発言に責任を負わないし、責任を問われないのか……？

あれやこれや疑問を提出するだけでは芸がないので、ここから明日の日本のために愚見を提起していきたいと思う、批判大歓迎である。もちろん賛同も大いに歓迎するところであるが。

日銀は日本を滅ぼす⁉

平成26（2014）年、第2次安倍政権が誕生し、日本銀行はおおよそ1年間で275兆円の国債を市中から回収することにより、資金供給を行なっている。平成27（2015）年も年間80兆円の供給を継続すると宣言し、国債を買い続けた。

しかし、いくら国債を購入して市中に紙幣供給を行なおうとも、国民に、中小企業に、個人事業主に対して資金流通が還流しないかぎり、金融機関や大企業から徐々に還流させようとしても、限界があり効果がないことは明白である。

日銀のお偉方や財務省関係の役人はわからないはずはないのに、なぜ放置したままなのだろうか？政治家はなぜこのことを指摘しないのか、不思議でならない。アベノミクスの方針に対して、日銀の金融政策が逆行して足を引っ張っているのではないではないだろうか。やはり、ここでも日銀はデフレ脱却を喜んでいないことが本音で、政府の方針に反抗しているではないかと疑問を抱いてしまう。日銀は日本を滅ぼす、という流言も飛び交っている。現状のままでは、私の気分もそれに近いものがある。日銀の幹部は、今でもデフレ対策のほうが扱いやすいと高をくっている。デフレを長引かせて日本を滅ぼす気ですかと、聞きたくなる。

ただ単にＦＲＢの戦略に沿ったモノマネ金融政策なのかと、うがった見方も国民のあいだに出てきていることを日銀はご存知か？　日本銀行は、対ドル円レート１２０円を円安と見ているのか？　まだ円高だと見ているのか？

対ドルの発行枚数が円の発行枚数と同数になれば１００円になるので、現在円が20％ほど発行枚数が多いといえる。どこまで行けるかはアメリカとの了解事項になるのだろうが、日本は日本としての立場をさらに明確に表明していかなければならない。

円はドルだけでなく、元やユーロなどに対しても国際的に見て適正な円レートはいくらなのか指標を示すべきだと思う。市場に任せる、介入するべきではないといった言い方は言い訳にすぎず、無責任ではないか。政府発言はそうでも、日銀は明らかな目標手段を示す責任があるはず。いつまでに、いくらを目標として、どういう政策を行なうのか、国民に明確に知らせるべきではないか。市場に対して影響が出るので明言できない、などとごまかしてはいけない。

2017年3月14日、経済財政諮問会議に出席したノーベル経済学賞受賞者スティグリッツコロンビア大学教授は、政府・日銀が保有する国債を無効化することで、政府の負債は「瞬時に減少」し「不安がいくらか和らぐ」と発言したという。

また、債務を永久債や長期債に組み換えることで、「政府が直面する金利上昇リスクを移転できる」、永久債の発行は「政府支出に必要な追加的歳入を調達し、経済を刺激する低コストの方法」だと発言したそうだ。

さらに、金利の大幅な上昇で「政府は問題に直面するかもしれない」と、日本の政府債務について懸念を表明。「政府債務を低下させるために消費税を上げることは逆効果」であり、企業の設備投資を促す炭素税の導入を代替案として挙げた。この発言について、ほとんどマスコミはふれていない。日本の識者はスティグリッツ教授の発言にどうこたえるのか？

日本の経済学者の中には、財政・金融問題を政府と中央銀行を一体のものとして考える「統合政府」なる意見もある。中央銀行を政府の子会社として位置づけ、一般企業におけるグループ企業の連結決算で考えるのと同じことだとしている。この考え方は、中央銀行の独立性とも矛盾しないとも言っている。「中央銀行の独立性とは、政府の経済政策目標の範囲内でその達成のためにオペレーションを任されている」という意味であり」グループ企業が「営業の独立性を持っているのと同じ意味である」

としている。いかにも学者が考える詭弁ではないだろうか。

大胆な見識者よ、出でよ！

私たちはよく歴史に学べと言われてきた。

たとえば、池田隼人政権時代には、高度成長政策のプランナーとして知られる経済学者にして大蔵官僚の下村治の政策で、経済を成長させることにより税金の増収、企業の増益政策で金融緩和政策による資金流動を起こし、国民には所得倍増政策で協力を求め成功しているではないか。

2・26事件で暗殺されたが、高橋是清はデフレ対策で功績を残した。高橋是清のデフレ脱却の手腕に、今こそ学んでもいいのではないか。高橋是清が活躍した戦前の1930年代とは時代状況を単純に同一視することはできないが、大切なことは「事を起こす」不退転の決意と英断だ。

当時、日本は日銀総裁、大蔵大臣を歴任した井上準之助は、緊縮財政路線をとり、金解禁を実現させた。しかし、世界恐慌の影響もあって、日本経済はデフレーションに陥り、失業率は10％を超えるようになった。いわゆる「昭和恐慌」と呼ばれた時代である。

政権交代により大蔵大臣に就任した高橋是清は、まず井上が再開した金本位制を停止して、円安を半値水準まで容認した。高橋是清はデフレを脱却に向けて、日銀による国債の買いオペ（日銀が市場から国債を買い入れることで、市場の通貨量を増やすこと）を積極的に実施した。

結論からいえば、高橋是清の経済立て直し政策（戦略）によって、世界で最も早く大恐慌から日本は立ち直った。その後、緩やかなインフレに移行していくのだが、高橋是清は2・26事件で暗殺された。そして、日本は戦争へと突入していったのである。

現在も、デフレから脱却するためには、高橋是清のような大胆な実践者が出てこなければいけないのではないか。

要するも池田隼人政権時の下村治や、戦前の高橋是清らの大胆さに見習うことが大事だと思う。先人の知恵に学び経済成長政策で国税の増税を図り、デフレ脱却を目指すことが常識的だろう。安易に消費税で賄うべきではない。

中小企業や個人事業主など経済活動に必要な資金を存分に供給することが生産性を上げ、経済が活性化することになる。その結果、増税にもつながっていくのである。そのことをシンプルに認識したほうがよいのでは？

日銀もダメだが、政治家も小物ばかりになった

先人の話が出たので、私事にわたる話をひとつ。

農林水産大臣、大蔵大臣、通商産業大臣、外務大臣、副総理を歴任してきたミッチーの愛称で親しまれた渡邊美智雄先生と知己を得たのは、昭和54年の夏、当時農林水産大臣だったと思う。渡邊美智雄先生とは飯田橋にマンションを分譲した折に、一部屋購入していただいたのを縁に、お近づきをいただいた。

その後、「みんなの党」を創設されたご子息の渡辺喜美氏やご家族との交流もさせていただいてきた。政治家とのお付き合いには慎重の上にも慎重であることが要求される。万が一世間から誤解されたり、疑念を抱かれたりすると、直に先生にご迷惑をおかけすることになりかねないと、当時の政治家たちとのお付き合いについて、これまであまり語ってこなかった。

すでに渡邊美智雄先生もお亡くなり、いまだから言えることをひとつだけ語らせてもらうことにする。

あるとき、ある港湾荷役の協会建設用地の確保が必要になったときのことである。私は「どうしても手に入れたい。手に入らないと損失が莫大になるので何とかしてほしい」との相談を受けた。事が

事だけに私は迷わず渡邉美智雄先生に相談した。先生のアドバイスは簡単明瞭だった。

「その土地の所有者のメインバンクに行き、銀行から紹介を得て、所有者と交渉することが最善だ」

私は早速交渉を開始した。安くまけて欲しいのではなく、時価の価格で購入したいとの申し出をすること、購入者は新規に銀行取引口座を開設すること、私の仲介手数料を払ってもらうことなどの条件を提示して、所有者との商談を取りつけた。

所有者の会社の担当役員は開口一番「石川さん、この土地は太陽が西から上がることがあっても、決して売れませんよ」と宣告された。商談は始まった途端、暗礁に乗り上げてしまったのだ。

しかし、渡邉美智雄先生はあきらめずに何度でも熱心に通って頼み込むことだと励ましてくれた。その言葉に勇気づけられて、私はそれから毎日のように「お早うございます」と所有者の会社を訪問しお願いし続けた。

数カ月が経ったある日、突然担当役員が出てきて、応接室に通された。

「長い間、ご苦労様でした。あなたに売ることに決めました」

私の粘りに根負けしたのは事実だろうが、それだけでこれほどうまく事が運ぶとは思えなかった。狐につままれたような気分だったが、すぐに渡邉美智雄先生に報告に行くと、我が事のように喜んでくれ、労をねぎらっていただいた。その後は順当に取引も完了して、買主からもとても感謝され、私も面目を保つことができた。

何が、どうなって、取引がうまくいったのか？

渡邊美智雄先生と銀行との信頼関係、銀行と土地の所有者との信頼関係が基盤にあったことはもちろんだが、最終購入者の公的信頼度の高さも相乗効果を生んで成功したと言える。実は、そうした原因の背後に表には出てこないおのおののパワーバランスが働いていたことが、いちばんの原因だったと読みとれるのである。

たとえば、政府系金融機関の頭取人事には、大蔵大臣（現財務大臣）経験者の暗黙の承認がなければ決まらないことは、よく知られたことである。現在でも、日銀の頭取、理事の人事権は衆参両議院の過半数の承認が必要なのである。

こういう場合に働くパワーバランスは、絶対に私利私欲に傾いてはいけない。あくまでも日本にとってよかれと働くパワーバランスが重要なのである。それができるのが、本物の政治家のひとつの証明と言ってもいい。

かつては田中角栄先生や渡邊美智雄先生をはじめ、わが国に大きな功績を残された政治家がおられた。翻って現在の国会答弁の有り様、政治家の質問内容のレベル、与野党の政党のあり方はどうだ。がっかりする。残念だ、無念だという言葉に尽きる。

しっかり政治をやって欲しい。それが国民の願いだ。ゴシップ週刊誌のネタ暴露のような国会討論では、国民の政治への期待は色あせるばかりである。見識の高い、真の実力を備えた、大物政治家よ、出でよ。いまこそ、その出現が望まれているのだ。私は、そう叫びたいのだ。

迷走する日銀、蛮勇をふるう黒田総裁

日銀が超金融緩和政策を公言してから、早くも平成28年後半で消費者物価1％台に変更した。消費者物価指数に一般消費者がスーパーで買う食料品が反映されていないのはおかしいと思わないか。ガソリンの価格が物価指数に反映されているのと、食料品の消費とどっちが大きな数字になるか。

平成27年度に日本を訪れた外国人観光客は約2000万人となり、年間3・5兆円の消費があった。とりわけ中国人による爆買いが目立った。今後も外国人観光客の受け入れを拡大することになるだろう。外国人による食料品、日用必需品，衣料などの爆買いならいいのだが、乱高下する日本の株式市場が海外の投資家たちの投機の場所を提供することになっているのはいただけない。

日本のマーケットは、まず企業株主の安定経営に資することや、私たちの資金（公金）、税金、年

金資金などの運用場所だということを再認識すべきだろう。上場企業の株価が適正株価を大幅に無視しているような値動きに対しても何ら規制をしないとは！　できないとは！　おかしい限りだ。

海外の投資家は日本のマーケットで好き放題に儲けている。日本人の投資は東証での売買総額全体の40％もないことをご存知か？　株式評論家たちも外国人投資家の動きばかりに言及し、個別株式の評価などほとんどしない。市場は上場企業の正当な評価・分析というよりも、博奕的パワーの力関係の売り買いで相場が動いているようにしか評価していない。

博奕場のような場所を外国人の投資ファンドなるものたちに開放、提供して、日本人の投資家を守ることができないようにすることがグローバルスタンダードなのか？　東京証券取引所と大阪証券取引所が合併したのはなぜか？　企業として立ち行かなくなったからではないのか。グローバル化のほんとうの意味はどういうことなのか？　外国人の投資家の資金が集まって来て東証の手数料収入が増えるから、メリットがあるとも言いたいのか？　何かが間違っていると思わないのだろうか？

預金金利を5％程度になるように誘導し、金融機関は自らのリスクを抱えながら預金総量よりも少ない融資金との差額金を融資に回すよう誘導し（健全な比率）、担保主義も並行して産業振興企業に成長を担保に融資するスタイルに変化していかなければならないだろう。

くり返しになるが、保証会社の保証がなければお金は貸さないなどと、もはや貸し付けの審査能力を失った金融機関に成り下がったのか。

金融機関は政府や役人たちの指導を鼻で笑って、自分たちがよければ国民のための金融政策などに協力せず、利己利益追求に方針を切り替えているのだから、もはや日銀のコントロール不能状態になってしまっているのが実情ではないのか。

私たちとしては政府の財政政策や金融政策に協調できない国内金融機関は必要なく、外国金融機関を利用したほうがよいのではないか。極論してしまえば、全国を網羅している〒社があれば足りるのではないか⁉

韓国の金融機関のほとんどが外国資本によって保有されているのと同様に、日本の金融機関もそのうち海外資本によって席巻される時代になるのか？　日本の金融機関が民族資本の金融機関でなくなったら、もはや必要がない。金融機関の保留している資金の流動化が、デフレ脱却の糸口になることは必定だろう。

日銀黒田総裁が「マイナス金利」政策を導入すると発表したことによって、日銀と市中銀行との関係にどのような効果が生まれたのかということが問題なのである。

現実の動きを見れば、３月半ばになっても、株価は全般的に上下変動が激しくなり、一時的に日経平均株価が数千円もの下落があった。円が高くなり、輸出関連企業はあわてた。

日銀の予測は、市中銀行の立場で考えたら、定期預金に置いておくと金利が発生するので、他の生産企業に融資が増大し、景気が良くなると読んだのだろう。経済評論家や金融コンサルタントたちの中には、賛成評価する意見も見られたが、効果はあまり期待できないとすぐに反論する側に回った。

しかし、黒田総裁は強気だ。アベノミクス効果と、超金融緩和政策と、マイナス金利政策とできることは何でもやると勇ましいのだが、国民サイドから見れば、スーパーなどの食料品は値上がりするし、給料は上がらず、国民負担が増加して、実質生活実感は厳しくなっている。物価が上がれば上がるほど、可処分所得が減少してますます消費が減少するのは当然のことで、さらに一気に過剰マネーが金融機関などから市中に出回ることになると、完全にインフレ（ハイパーインフレ）危機になる可能性があるのではないか？

国債は政府が国民や国策金融機関や大企業などからの借金であり、返済原資は国民の納税資金である。この国債を日銀が取得するということは、国民の税金で日銀に金利を支払うということである。（もちろん元金も）日銀の決算上国債は資本になり、紙幣発行分は負債勘定になるので、考え方によっては資産と負債との相殺によって消滅させることができるのではないだろうか？

日銀が市中の国債がなくなるまで購入し続ければ、やがて国の借金がなくなるのではないかと期待したいところだが、その行方やいかに？

中央銀行である日銀は、民間都市銀行に対して日銀考査を通じて監督者の立場を持っている。いわゆる指導監督ができるポジションにある。日銀は直接国債を購入できないので、民間金融機関が購入している国債を日銀が買い取り（引き取り）、結果として現金が銀行に増加する。日銀は、この資金をさまざま融資に向ける指導監督ができないのか？　各金融機関にまかせていることは決して悪くないが、指導力が足りないのではないか？

日銀に指導力がないので、私たち中小企業や一般国民などに資金還流しないで、滞留し、景気がよくならない。日銀の責任は超金融緩和、異次元緩和などによる大量の資金供給だけで、その後の指導監督がなく、無責任な供給をしているのはなぜか？

日銀、あるいは黒田総裁の対応として、政府に対しても国民に対しても悪意を感じないでもない。制御不能なデフレ脱却を目指して、インフレ政策を取り入れるふりをして、悪さをしているだけなのか？

結局デフレの脱却は望まず、効果のないことを予測しながら、「異次元」などと言葉遊びを楽しんでいるのか？

大企業も多額の内部留保金を社員報酬とか株主配当とか還流政策が実践されなければならないのに、機能していない。企業は企業で自己防衛しなければならないとの理由もあろうが、社会的責任、社会的貢献という点で、創業の理念と違ってきているのか？

外国資本に日銀の株式を45％買い占められたら？

日本国内の金融機関に貸し出し先がないからと、滞留している余剰資金が国債などの購入に運用されていることは理解できる。しかし、日本銀行から超格安金利で調達した資金を外国ファンドに高利で融資して、外国ファンドはその資金を使って東京証券取引所など証券市場で取引総額の70％近い売買が行なわれ、日本の株式市場がコントロールされているとしたら、ゆゆしき問題ではないのか？

どうして株価が上昇しているからと糠（ぬか）喜びできるだろうか。株価が上がれば、国内の投資家が儲かるから、消費に回り、景気がよくなる。その考え方は間違っている。現実がそれを実証している。証券取引所の株価も、安倍政権になって以来日経平均株価で1万円以上上昇して、数少ない企業や年金基金など全体的には利益をえているが、一般国民の株投資などは増加していないので恩恵にあずかっていない。

日本の株取引の70％が外国人による売買によるところへ、一般国民が少額で投資競争するなどナンセンスと言うべきだろう。まさに紛れもないスペキュレーションである。このままでは日本人の投資は増加しない。政府でも日銀でもどこでも、国民の投資が安全に運用されるようにするためには外国人任せはもちろんのこと、少なくとも過半を超えるような取引を許すべきではないのではないか？

中国の中央銀行は、中国人民銀行である。中国の通貨「元」を発行している銀行である。同じ中央銀行でも日本との違いは、国有銀行であるということである。

日本の中央銀行（日銀）は、いかなる言い訳をしようとも株式会社である。ただし株式の55％は日本政府（財務省）保有である。もし日銀の株式の45％を実質的に中国資本に買われたら？　外国資本に買われたら？　私たち国民には関係ないと言い切れるだろうか？　ありえないことだと一笑に付すのか？

国債はもちろんであるが、日銀の株式は外国人でも購入できる。資本金1億円の上場企業なのだから、配当もあるし、倒産などのリスクはない。投資資金の安全性という面で言えば、不動産投資同様に安全確実な資産となる。

現在、この超優良企業の株価は1株3万5０００円程度で推移し、安定している。ただし、外国資本などに買われることになれば、一気に暴騰するだろう。そうなったら大変なことになる。

そこで、自らの中央銀行を守ろうとしたら、私たち国民が株主となって守るしかないということになるだろう。仮に中国などの外国資本に日銀の株式を45％取得されたら、その国と政府（財務省）との共同経営ということになりかねない。大株主の意見や政策提言は無視できないことになる。さらに日銀が保有する今までの400兆円にも上る日本国債の運命やいかに？

ギリシャのように外国に返済したり、利息を支払ったりしなければならなくなったらどうする？それこそ日本国民の借金になったりしないのか？

2016年度の中国による日本国債購入額が9億円を超えたと報道された。全体の国債発行額から見れば数％かもしれないが、一気に売りに出されたら、国債金利は大変動することになる。日本はアメリカ国債保有高が1兆950億ドルで、中国が保有する1兆400億ドルを抜いて世界2番目の保有国となったようだが、アメリカに対する外交カードにも使えるほど威力を持つと言われている。中国など外国資本が日本に対する外交カードの切り札として使われたら、大事（おおごと）になるだろう。

同じような問題は不動産にもある。ここ1、2年で20％もの円安になって、外国の投資ファンドによる日本の資産（株式、不動産）への投資が活発になっている。外国投資家から見た円安は、日本の不動産が買いやすくなっているということだから、2014年だけで1兆円の不動産購入があった。

セキュリティの問題からも、外国人の不動産購入にある程度の規制を設けるのは必要だと思われるが、いまのところはまったく無防備だ。

日本列島周辺には海岸線の長さが100メートルを超える島が6800以上ある。軍事基地周辺や、航空基地、飛行場周辺の土地、国立公園やダム周辺等には、個人や法人所有の土地がある。

外国人が購入しようとすれば、障害、制限もなく買うことができる。森林資源や水源地、基地周辺などの土地が無制限で買うことが可能だということは、国の安全上何らの対処が必要なのではないだろうか。無防備すぎはしないだろうか？　基地の周辺、池沼湖沼の周辺、水源地、公共施設周辺などの不動産の外国人所有を禁止するなどの措置が必要なのではないかと心配している。

現在、日本国は、1000兆円の国有資産（土地などの不動産と金融資産など）を持つと言われている。一方、政府には1000兆円を超える国民からの借金があると言われている。

国民は政府に対して間接的に銀行預金や国債といった形で貸していることになる。いわば国に対する債権者の立場にあるのだから、返済を迫るのは当然の権利ではないだろうか？　1千兆円の借金に対して、1千兆円の資産があるのだから債務超過ではないし、いつでも清算できるのだから借金はなくさなくても大丈夫などと、ふざけた理屈を公言している評論家も経済学者もいるが、とんでもないことであろう。

国有財産の中でも不要不急な資産は処分して有効に活用すべきである。金利は税金で負担しているのだから。

数字が語る世界、日本の現状

貧困問題に取り組むＮＧＯのオックスファムは２０１５年の報告書で、世界の62人の富豪が最貧層35億人分と同じだけの富を所有していることを明らかにした。２０１０年には３８８人だった。金額にして１兆７６００億ドル。世界の富豪の富の集中は２０１０年～２０１５年で44％増加している。

わずか62人の資産家が35億人を助けることができれば、最小限の犠牲ですむということなのか？

アメリカは国民３億人のうちの１％の３００万人の所得者が、全国民所得の５分の１（20％）を占めているという。

日本に目を向けてみよう。大企業の大卒社員の退職金の平均額が２３００万円に対して、中小企業では１３００万円～１８００万円だということである。

年金の平均額は月にして18万円～20万円。老後の生活費を考えれば、５万円～10万円少ないことになる。家賃の金額によっても差がさらに広がっていくこともありうるだろう。70歳時点で15年生きるとして年金以外に２０００万円は必要になる。

高齢者問題も深刻である。団塊世代が15年もすると80代になるのに、国は老人ホームの建設をあきらめ、民間に任せ、自宅で亡くなるように仕向けている。

年金は毎年少しずつ支払減少作戦なのか。年金支払い拒絶者が40％もいることがわかっているのになぜ徴収しないのか？　いつから年金は自由掛け金になったのか？　徴収義務を企業任せにしてきたツケではないのか。役人の怠慢と運用が無責任だったという反省はないのだろうか。

日本の個人金融資産の額は、１６００兆円とのことである。60歳以上の高齢者がその大半を持っている。その金はどこに？　タンス預金でもしているのか。この資金に目を付けた様々な政策や税制や、金融商品が生まれている。

たとえば、教育資金１５００万円までの贈与非課税、証券業界の新しい商品である子供版ＮＩＳＡなどに顕著に見られる。生前贈与非課税による株式市場での運用を推奨する動きに対して、それを助ける高齢者が消費拡大の邪魔をしているという声もある。高齢者は残された生活に対する不安と安心が交差しているので、社会が信用できないのだ。

国外財産調書によると、平成26年12月31日現在、海外に５０００万円以上の資産を持つ日本人は、その種類、数量、価額などにつき、毎年3月15日を期限として税務署に申告することが義務付けられた。

その数は全国で５５３９件、国外財産額は2兆５１４２億円になる。海外資産の保有者、つまり金持ちは東京に一極集中していることがわかった。いちばん少ないのは沖縄だった。

マイナンバーが適用されるようになると、相当増加することは間違いないが、徴税という見地では当然把握すべきだろう。それにしても、なぜ５０００万円なのか。その根拠は？

９４・5兆円。農林中央金庫(農林中金)の総資産の額である。農林中金は、農業協同組合、森林組合、漁業協同組合の系統中央機関の役割をもつ金融機関である。貸付は一般法人、農林水産業者、投資は株式、債券、クレジット等。運用残高は60兆円。

投資の70％は海外向け。安定したポートフォリオを構築するには国内回帰はない。プロジェクトファイナンスでは、世界中のエネルギー関連プロジェクトに対する投資が主。水道、学校、鉄道、道路、病院、空港、送電線網などのインフラにも投資している。船舶ファイナンスも行なわれている。

この金融機関は財務省の管轄外だから、日銀からも何ら影響されることがなく、独自で運用できるのである。

アメリカの中央銀行は12、日本に2つあってもいい

アメリカの中央銀行に相当するのが、ＦＲＢ（連邦準備制度理事会）である。そして、アメリカには現在12の連邦準備銀行がある。西側にはサンフランシスコにあるのみで、東海岸沿いに集中している。

第１区ボストン連邦準備銀行
第２区ニューヨーク連邦準備銀行
第３区フィラデルフィア連邦準備銀行
第４区クリーブランド連邦準備銀行
第５区リッチモンド連邦準備銀行
第６区アトランタ連邦準備銀行
第７区シカゴ連邦準備銀行
第８区セントルイス連邦準備銀行
第９区ミネアポリス連邦準備銀行
第10区カンザスシティ連邦準備銀行

第11区ダラス連邦準備銀行
第12区サンフランシスコ連邦準備銀行

このうち第2区のニューヨーク連邦準備銀行が全体をまとめている。

アメリカは1776年に、独立戦争によってイギリスから独立した。建国時には13の州があって、それぞれ憲法も法律もあった。現在は周知のごとく50州である。

それぞれの州には多くの民間銀行ができたが、お互いに銀行がつぶれないようにいざというときのために準備しておく銀行が必要になり、民間銀行が集まってつくったのが準備銀行である。何を準備しておくのか。銀行がつぶれるような危機的状況に陥ったときやいざというときに間に合わせるための現金を準備しておくのである。

当初は日本と違って完全に民間の銀行が集まってつくった準備銀行だから、連邦政府や連邦の準備銀行など強力な力のある中央監督機関は必要ないと考えていたのだが、やはり必要性に迫られてできたのがFRBであり、中央政府である連邦政府だった。

FRBは、12の準備銀行が集まってできた準備制度理事会として中央銀行的存在となっている。12

の準備銀行はそれぞれ紙幣を発行できる銀行で、A～Lまでドル紙幣に刻印されているので、どこの準備銀行で発行された紙幣かすぐにわかる。

また、日本の紙幣には「日本銀行券」と書かれているが、ドル札には「Federal Reserve Note」、債権証書（利子の付かないＦＲＢの社債）と書いてある。要するに12の連邦準備銀行が政府に貸し付けた債権証書というわけである。

現在米国の中央政府およびＦＲＢの本拠地があるのは、ワシントンＤＣ。昔は沼地で湿気が多く、冬は寒く、夏は暑いという劣悪な気象環境にあったところに設置された。理由は理解できないが、現在は近代的都市として整備され、アメリカの首都にふさわしい貫録を漂わせた都市となっている。

先代のバーナンキＦＲＢ議長は日銀に対して、超金融緩和政策を勧めていたが、日銀の歴代総裁はインフレを怖れるあまりに、超金融緩和政策に踏み切れずにいた。ここにきて20年もの間デフレ政策を取ってきたので、景気回復が大幅に遅れ、中国や韓国などの成長に大きく後れを取った反省からか、安倍政権になってようやく経済成長率を2％と目標を立て、超金融緩和政策をはじめた。

そして、現在のＦＲＢ議長には初めて女性議長としてイエレンが就任した。イエレン議長はハト派として知られている。バーナンキ議長時代に大量の超金融緩和政策を行ったが景気回復に至らず、引き締め金利を上げる政策に転換すべく、イエレンの登場になったようだ。そのイエレン議長も任期交代の時期を迎えようとしている。

ブラジルやインドなどに多くのドルが投資されており、金利上昇や資金拐取回収が行なわれると、暴落する危険があり、注意が必要だろう。日本経済には円高政策にシフトしてくるだろうし、輸出貿易に影響が出てくるので、対策が必要になる。日銀の金融政策に対して、FRBの政策提言は安倍政権の経済金融政策によって提言されているものと推測される。

結局のところ、超金融緩和政策はいつまで、どこまで続くのか？

一方、アジア諸国の中央銀行は、アメリカとは異なり一国一中央銀行である。

シンプルに考えても、現在の日本銀行は政府との協調金融政策が実現できていない。民間金融機関の指導監督協調ができていない。したがって、資金がだぶついているのに有効に活かせていない現状に無関心でいるわけにはいかないのである。

金融機関の一部には自社の利益追求に専念するあまり、節操のない企業活動をしていて目に余る。民間の金融機関が自らの利益重視主義になり下がった弊害が国民に健全なる金融システムを提供できなくなっているのだ。この国には、清貧な国民から搾取するような状況が見えてきている。

改めて、これから日銀にできることを、しなければならないことを考え、実行している時期を迎えているのではないか。

日本は世界第三位の経済大国になったことはだれもが認めるところだが、日銀はその名に恥じない十分な役割を果たしているだろうか？　役不足になっているのではないのか？

２００９年の与謝野馨内閣府特命担当相（経済財政政策）、竹中平蔵総務相時代から。日銀の量的緩和が解除されており、それ以来今日まで日銀は金融緩和政策を進めてきているにもかかわらず、一向にデフレ脱却どころか、消費者物価指数２％上昇調整にも失敗しているのに、少しも反省がないのはなぜか？

時の政府の容認がないと日銀独自で金融緩和の判断ができない構造になっており、日銀自身にもはや自浄作用が効かなくなってしまったのか？

アメリカに12の中央銀行があり、それぞれ紙幣発行権を持っているということは、各地域で独自の金融政策を行なっているということである。大統領と言えども、政策指示ができないようになっている。アメリカの政府と中央銀行との関係を考えても、日本の中央銀行が１つでは心もとなく、運用効果にも相乗効果が期待できず、今となっては、果たすべき役目も疎かになっているのではないか？それゆえ、日本に２つの中央銀行があってもおかしくないのではないか？

すでに政府の負債が１１００兆円近くになり、その解決策がなく、政府は２０２０年までにプライマリーバランスをとると強調しているが可能性が見いだせない現在、無策状態の打開策のために何をしなければならないか真剣に考える必要がある。消費税や増税、金利調整、通貨供給量の調整だけでは経済のバランスがとれない。

そこで、今こそきめ細かな対応ができる「第２の日銀」「２つの中央銀行」の必要性が求められていると私は考えている。

政治的にも「道州制」などの意見が出てきている現状で、この際「第２の日銀」「２つの中央銀行」構想も検討に値するものと信じている。

仮想通貨も含めて第2の日銀構想を考えてみよう

近年、仮想通貨（ビットコイン、イーサリアム、リップルなど）が話題となっている。国や銀行から管理されない新しい決済手段のことらしい。すでに日本でもビックカメラやリクルート系の26万店舗に導入されており、スターバックス等も導入検討中とのことである。法的には問題がないのか？

ビットコインをはじめとする仮想通貨はコインチェック（ｃｏｉｎｃｈｅｃｋ）という仮想通貨取引所があり、簡単に取引できるようになっている。発行総量は２１４０年までに2億１０００ビットコインまでとされている。それ以降は新規に発行されないから、取引量が増加すればするほど1ビットコイン当たりの相場が上昇することになるから、投資対象になると宣伝している。世界中で通用するので、海外旅行や外国での買い物にも通用するという。

従来の銀行は、送金手数料、振込手数料、交換手数料、融資手数料を取り、管理料まで取ろうとしており、融資には保証会社利用を押し付けてきた。そのくせ預金金利はただ同然、中小企業、個人にはできるだけ貸さない、高金利で融資（ノンバンク利用）してきたツケが、仮想通貨に席巻されることになるのか？　本来の銀行のあり方を逸脱してしまった反動が、仮想通貨を生み出してしまったのかもしれない。

私はこの仮想通貨などには反対の立場であり、新たな社会問題になりうる火種くらいにしか思っていない。だれが発行方かわからず、姿カタチもないネット上だけで数字が動いていく。決済方法など信じたくもないからだ。従来の決済システムは銀行法等で制限があると思うのだが、もし制約がないのなら一刻も早く対応策を整備しないと、きっと事件が起こること必定なのでは？

本書を通じて疑問というカタチで多くの問題点や改革点を提案させていただいている私としては、あまりに社会的に優遇されている金融機関、また管理すべき役所が国民の税金を使って、株式会社である銀行を救済したりしている目に余る横暴ぶりを見るにつけ、その由々しき現況の一角を突き崩しかねないビットコイン（仮想通貨）なる方式が出てきたことに、反対ながらも本音では同調する気が起こってしまう。従って、仮想通貨対策なども含めて新たに「第2の日銀」設立の意味を考えてもらいたいものである。

「第2の日銀」「2つの中央銀行」は必然である

「第2の日銀」「2つの中央銀行」構想を思いついた背景を再整理してみよう。

①現在の日銀の機能が落ちている。そのために政府との協調金融政策ができていない。そして、民間金融機関の指導監督ができていない。だから、資金がだぶついているのに有効に活用できていない。

②金融機関の一部に自社の利益追求に専念するあまり、節操のない企業活動が見られ、それが野放しになっている。

③日本経済が世界第3位の経済大国になり、日銀だけでは役不足になってきており、第2日銀は必然の帰結である。

④政治的にも「道州制」が提案されているように、そういう意味でもその中核の役割を第2の日銀が

担当する時期に来ている。
⑤すでに政府の負債（国債）が1100兆円近くになり、それを回収する解決策がなく、政府は2020年にはプライマリーバランスを取ると強調しているが、その可能性が見られない現在、無策状態の打開のために、第2の日銀、2つの中央銀行構想は必然である。
⑥消費税をはじめとする増税、金利調整、通貨供給量の調整だけでは経済のバランスは取れない。
⑦地域経済活性化に直接的に影響する関係がなくてはいけない。
こうしたことにきめ細かな対応ができる第2の日銀の必要性が求められていると、私は考えている。

「第2の日銀」「2つの中央銀行」構想のイメージ

具体的には、既存の日銀と重複しない政策運用ができるようにする。特に地方自治体との提携、協調政策の実現が重要になる。さらに、民間金融機関が自らの利益重視主義になり下がった弊害が国民に健全なる金融システムを提供できなくなったことに鑑み、清貧な国民から搾取するような状態に見える（具体的には高利貸し、手数料稼ぎなど）、健全な金融システムの構築に寄与する、国民のための銀行として検討する。

地方の金融管理、農林中金の管理運用指導監督、地方再生のための中央銀行（地方銀行の管理も行う）。地方債の起債や、国債運用なども扱う。

中央の日銀との相乗効果をねらう。地方（道州制）において円の発券を行なう（限定付）。資本金100兆円〜1000兆円。国民金融資産の有効活用、国際金融管理、為替管理を行なう。仮想通貨管理。国有地の運営管理を行なう（購入、代替地、交換、落札等々処分を含め有効運用を行なう。国防リスク回避のために保有する）。

外国債券は発行しない（外国から借金しない）、外国人に株式を保有させない、国民個人株主とする。または自治体と政府の50：50にする。

物価水準や金利などの地域格差解消など監督管理を行なう。既発の国債1000兆円をすべて購入し、償却する（国有地を担保処分）。代表者や役員等その人事は自治体議会の承認も必要。

第2の日本銀行創設メリット

1ハイパーインフレが防止できる

2政府の借金がなくなれば、国債利払いの20〜30兆円が助かる

3消費税増税の必要がない
4高齢者福祉に貢献できる
5地方自治体独自の政治ができる
ほか

現日本銀行法を改正する

すでに発行済の国債は、税金による利払いを停止する。元金は30年間の分割払いにする。

一部の国債運用者は金持ち優遇をされてきた大企業などでは３００兆円を超える予備資金が蓄積されている。一部の国債保有者に対して利払いと称して毎年20兆円を超える税金が使われてきた。10年で２００兆円。不平等は否めない。持たざる者に恩恵はないのか？

資本金１００兆円に増資する

すでに政府が国債発行により１１００兆円もの赤字国債を出しており、日銀が３５０兆円ほどで、企業保有を加えると過半を超えている。残りの半分を第2日銀が購入すると、少なくとも年間２０兆円を超える利払いが助かることになる。その分、ほかに使うことができる。

アジアでは中国主導によるアジアインフラ投資銀行（ＡＩＩＢ）ができている。通信、鉄道、港湾、水道、電気、交通インフラ整備などのための融資をアジアの発展途上国に行なう銀行である。創設は中国が先導リードしており、今までの日本やアメリカ主導のやり方は時代遅れだと途上国からはずされた。外国からの出資、融資を受けつけている。

日本がアジアの途上国の発展や開発にグローバルに寄与していく活動をするためには、今までの金融システムでは対応が難しく、途上国の満足はかなわない。

時の政府と一蓮托生の金融政策を行なえる。その場合のみ国会決議により、国債を全部買い取れる。政府保証債。国有地、不用財産などを担保にして貸しつけ、後日処分する。ただし外国人には処分しない、公債、国債など国民に売却しない。

欧州中央銀行やスイス、イギリス、フランスなどでは年間供給紙幣の３〜４倍の金融緩和をしてデフレ対策を行ない、成長率２％前後で成功している。わが国の場合には、１０００兆円紙幣を供給してもいいのではないか？

そのための日銀の資本金を１００兆円増資する決断が必要になる。増資資金を国債の回収に運用することで過剰インフレを起こすことにはならない。やればできることがあるのに、なぜしないのか？

できないのなら、いっそのこと日銀は紙幣発行印刷所にしてしまい、各支店も廃止し、金融政策を返上して発券業務も廃止することを考慮せざるを得ないことになるかもしれない。

　財務省銀行局に代わるか、新第2日本銀行として生まれ変わる必要があるのではないか。道州制が提案されている折、その中心に第2日本銀行を考えてみる時期にきている。

　道州制とは、全国四七都道府県を、地域ごとに全国を10前後の「道」または「州」に再編成する考え方である。道州制は市町村を合併して自立可能な基礎的自治体として、福祉関連、消防、保健衛生、教育文化、公共事業など住民と一体となって地域主導型の完全自治の実現を目指したものだ。国は権限と税源を移譲して地域でやるべきことは地域で行なえるように地域主権の国にするということが、道州制の目指す国の形になる。

　その中で、第2日銀が何をどれだけできるか、議論してみることも有益ではないだろうか。日銀改革を行なう際の100兆円の増資金は100％一般国民から募集すべきだろう。当然のことながら、現在の日銀の株主（出資者）は、増資の恩恵を十分に受ける権利を保障すべきである。間違っても日本航空の整理や、NTTの民営化などのような法治国家にあるまじき手法で行なってはならない。

　日本は世界に遅れること10年のデフレ脱却を取り戻すためにも、早急に日本銀行改革を行なうべきである。

　増資資金のためには市中に大量の紙幣を増加しなければならないが、ハイパーインフレとかスーパーインフレになる心配はない。むしろ国民の保有資産の有効活用になることはあっても、受け入れないものではなく、政府発行の国債償還による財政健全化に使える。

第2の日銀構想は、究極の財政再建手法になりうる

資本金―500兆円から1000兆円―同額を市中に出回っている国債購入とすると、現在日銀保有の350兆円と合計750兆円の国債を回収できることになり、残りの国債は元金のみ30年払いに変更し、利払いは免除する。

幸い現在のところは日本の国債は数パーセント程度しか外国や外国人に保有されていないから、国債の信用不安は起こらない。今のままより国に対する信頼度が増加することになるのは必定である。効果は抜群であり、もてる日銀の実力有効活用になる。市中には超金融緩和にならず、金余りの大企業や金融機関にだぶついている資金が資本に回るので効果抜群、さらにハイパーインフレの心配がなく、同時に政府は金融機関に対して、中小企業への資金供給を指導勧告することが重要である。

現在日銀の一株が時価約3・5万円。政府保有株式を現在の55％から45％にすることとか。日銀の金融政策は、独自でなくとも政府の財政政策と連動してもよいのではないだろうか？　なぜ日銀は発券銀行としての独自性が必要なのか？　時代の変化に対応すべきではないのか。むしろ政府の財政政策の意向に沿うことが使命なのではないのか。

銀行法を改正して、資本金を増資し、株の持合比率を政府45%、民間55%に変更して、海外株主を排除して、金融システムを見直し、より国民の金融に直接的に影響力を持たせるように提案しても改革やよりよい政策に興味を示さない頭の古い利権や特権や腕力を持った一部の人たちの反対にあい、決して話題にも取り上げられないことは十分に承知している。しかし現在のアベノミクスの政策担当役員たちがその気になれば実現可能なことばかりである。

最後に私からの提案である。私たちは国民の義務として、日銀の株式を購入することにより協力していかなければならないと思う。何でもきっかけとか知識が必要ではないのか、何もしないで議論したり、評論したりしているだけではじまらないのだ。まずは45%の民間保有権利の株式を活発に活用することにより、外国人に保有されたりすることのないように、みんなで手分けして購入することを提案したい。

改めて、日銀の株(出資証券)を購入する際の留意点をまとめておきたい。

取引の単位は100口(100株)からである。たとえば、この原稿を書いている平成29年6月20日の株価でみれば、1口3万7350円(この日の日経平均は2万293円)だから、最低価格で373万5000円必要となる。

購入には、知人友人、数人でまとめて買う方法がある。名義変更は証券会社を通さなくても、直接日銀に申請できる。売却時には、証券会社に1口（1株）でも、売買委託することができる。

日銀の株（出資証券）を購入するということは、経済的なメリットだけでなく、貴重な現物証券が手にはいるという意味を考えてほしい。そこには、明治創業時の過去の偉人や著名人の名前が記録されているのである。

ただ心配なこともある。

日銀の株（出資証券）は日本で一番倒産の危機がなく、配当は必ずあり、担保価値も高い。しかも空売りはできない仕組みになっている。わが国の基軸通貨（円）を発行している中央銀行の株主になれることは、場合によっては金融政策に影響力をもつ危険性があるので、日銀の株（出資証券）を外国人たちに購入されてはならないということである。

ちなみにお隣の韓国では中央銀行を除き、ほとんどの銀行の過半数の株主は外国人でしめられている。したがって、銀行の運用方針などが外国の投資家によって左右されているのである。その分、安心という見方もできるのだが、わが国はそうなってよいわけはなかろう。

私たち国民が注意して、関心を持ち、国の金融政策の中心である日銀の株主になって守っていかなければならない。

明治創業以来資本金は据え置き、55％の株は政府保有、人事権は政府が持ち、株式市場に上場していても、日銀法を一部改正して政府が管理しやすいようにしている。誰かの利益構造を保つためなのかもしれないが、誰も手をつけようとしない。今も不可侵領域として保たれている。

世界はもちろんわが国としても、世界共通通貨、ビットコインなどが広まり、カードが社会を動かし、銀行中心の金融システムが衰退に向かっている時代に、変化に敏速かつ柔軟に対応できる変革が必要になってきているのである。

浅学非才の私は、抱えている問題意識を開陳するにとどまらざるを得ない。第2の日銀構想を具体的に提案できる人材の登場を強く期待するゆえんである。

あとがき

現在の、これからの国際関係、その中の日本に何が起こっているか、どこに向かおうとしているか、それをみきわめる手段、方法はいろいろあるだろう。

私は、いつもさまざまな事象を「パワーバランス」という尺度で考えるようにしている。たとえば、20世紀後半、世界秩序はアメリカとソ連という二大大国の軍事的、政治的、イデオロギー的パワーバランスの緊張関係のもとに維持されていた。かつてこの構造を「冷戦」と呼んだ。

そして、21世紀に入って、私たちが直面しているいちばんわかりやすいパワーバランスといえば、アメリカと中国の関係であろう。いまや中国は日本を抜いて世界第1の米国債保有国である。その額は1兆ドルを超えているといわれている。

元総理大臣橋本龍太郎が財政赤字解消に米国債を一部売却できればなどと発言したことで、アメリカから大クレームを受けたことがあった。現在では、中国が何かにつけてアメリカとの領土問題をはじめとする外交交渉や貿易交渉などで、巨額に保有している米国債の償還請求や売却をチラつかせて、話し合いを有利に展開しているのである。

アメリカはアメリカで、中国との貿易赤字解消問題で何かと注文を出しているが、敵もさるものなかなか応じてくれない。中国通貨である元の国際交換レート問題もアメリカ側の交渉条件に応じてくれない。

さらに、中国に対して北朝鮮への強力な経済制裁や、核開発停止等の政治的圧力をかけるよう要請しても、応じてこない。南沙諸島の軍事基地開発に対しても、ベトナムやフィリピンなどともにアメリカの軍事圧力を示しても、まったく応じる気配が見られない。国際裁判所で違法行為であると判決が出ても、中国は紙切れ同然に無視した。

こうしたアメリカの政治的圧力、国際的指導力に対する中国政府の強気の根底にあるのは、米国債の売却がアメリカにとって何よりも大きいダメージになることを知っているぞという脅しである。わかりやすくいえば、借金をしている債務者よりも、貸し手の債権者の立場が有利となっているということは、何を意味しているのだろうか？

まさしくアメリカと中国のパワーバランスが軍事力でも政治力でも、まして文化力でもなく金の力がバランスをとっているといえるだろう。

北朝鮮問題も、アメリカとしては中国の影響力に期待しているが、中国が圧力をかけても自国の利益（金）と相反しているので、核開発を阻止できないのであろう。私見では、北朝鮮はいかなることがあっても、日本に対して核攻撃等をしてくる可能性はないと信じている。歴史的に見ても、侵略行為をする民族ではなかったのだから。

一方、アメリカが債務者の立場で中国保有の米国債も償還請求や売却の脅しを解消できる道は、償還に応じることではなく、たとえば南沙諸島の中国基地開発に対する国際裁判の判決を踏まえて、日本や周辺諸国とともに中国と交戦状態になれば、中国が保有する米国債は償還しなくとも免責されるという対抗策を突きつけることである。

では、日本とアメリカのパワーバランスはどうか？

日本は世界第2の米国債保有国である。２０１５年2月現在１４６兆円の米国債を保有し、毎年30兆円の米国債を購入している。日本は中国同様に、この米国債の償還請求をチラつかせて、アメリカとの外交交渉を優位に展開することができるだろうか。答えは、残念ながら「ノー」である。

日本は中国と立場が違い、一方的に米国債を売却することができない。その報復として核の傘を外されては、日本のみならず世界秩序の大混乱を引き起こすことになりかねないからである。いわばアメリカに完全に質草を取られているようなものである。さらにいえば、日本と北朝鮮の軍事的パワーバランスは、アメリカの核の傘の中で取られているが、いずれは自国での防衛は避けられないものと思われる。

翻って、世界の金融（マネー）のパワーバランスはどうか？

完全に、圧倒的にＦＲＢ（アメリカ連邦準備制度理事会）がアメリカの12の中央銀行をマネージメントし、さらに世界の金融をマネージメントしているといっても間違いない。日本の中央銀行である日本銀行も例外ではなく、ＦＲＢの存在は無視しえないどころか、ほとんどの金融政策、金融システム、運用などすべて従っているように見える。言い換えれば、日本の中央銀行が日本独自の、政府に影響されることなく運営出来ているとは考えられないのである。特に為替レート、金利政策、貿易、関税問題などは大きく影響されてしまっている。ＦＲＢが、まさに世界金融のパワーバランスを取っているといってもいい過ぎではないだろう。

だからこそ、本書で提案した「第２の日銀」構想は、私の個人的思い入れを超えて、日本の現況を考えれば必然的帰結といってもいいだろう。

著者紹介

石川和夫（いしかわ・かずお）
1946年（昭和21年）宮城県出身。経営コンサルタント、不動産コンサルマスター。サンランドシステム株式会社代表取締役。建売住宅販売や建設会社の開発事業部との提携等を通じ、実践的な活動を展開。中小企業経営の総合コンサルタントとして多数の企業再生、事業譲渡、分社などを手掛ける。一般社団法人経営実践支援協会理事長。
「滌除（てきじょ）＋α研究会」会長。
日本伝統文化交流会を主宰し、お茶と生け花を中心に日本の伝統文化の再認識とともに普及活動を推進。2012年（平成24年）さかえ草和流協会（一般社団法人申請準備中）を興す。同年10月より茶室「空菴（くうあん）」（組立式）を創る。
裏千家茶道教授　茶名宗和
古流生花師範　松壽斎理伯
著書に『たかが金で　死ぬな　迷うな　失うな』（アートアンドブレーン）、『ちょっと待て　自己破産』（パラダイム出版）、共著に『借金抵当権消滅法』（中央経済社）など。

日本《にほん》をよくするために日銀《にちぎん》の株《かぶ》を買《か》いなさい！

2017 年 10 月 17 日　第 1 刷発行

著　者　石川和夫《いしかわかずお》
編　者　日本の銀行研究会
監修者　一般社団法人経営実践支援協会
発行者　落合英秋
発行所　株式会社 日本地域社会研究所
〒 167-0043　東京都杉並区上荻 1-25-1
TEL　(03)5397-1231(代表)
FAX　(03)5397-1237
メールアドレス　tps@n-chiken.com
ホームページ　http://www.n-chiken.com
郵便振替口座　00150-1-41143
印刷所　中央精版印刷株式会社

ISBN978-4-89022-203-2

日本地域社会研究所の好評図書

関係 Between

三上宥起夫著…職業欄にその他とも書けない、裏稼業の人々の、複雑怪奇な「関係」を飄々と描く。寺山修司を師と仰ぐ三上宥起夫の書き下ろし小説集！

46判189頁／1600円

黄門様ゆかりの小石川後楽園博物志 天下の名園を愉しむ！

本多忠夫著…天下の副将軍・水戸光圀公ゆかりの大名庭園で、国の特別史跡・特別名勝に指定されている小石川後楽園の歴史と魅力をたっぷり紹介！　水戸観光協会・文京区観光協会推薦の1冊。

46判424頁／3241円

年中行事えほん もちくんのおもちつき

やまぐちひでき・絵／たかぎのりこ・文…神様のために始められた行事が餅つきである。ハレの日や節句などの年中行事に用いられる餅のことや、鏡餅の飾り方など大人にも役立つおもち解説つき！

A4変型判上製32頁／1400円

中小企業診断士必携！ コンサルティング・ビジネス虎の巻 ～マイコンテンツづくりマニュアル～

アイ・コンサルティング協同組合編／新井信裕ほか著…「民間の者」としての診断士ここにあり！　経営改革ツールを創出し、中小企業を支援するビジネスモデルづくりをめざす。中小企業に的確で実現確度の高い助言を行なうための学びの書。

A5判188頁／2000円

子育て・孫育ての忘れ物 ～必要なのは「さじ加減」です～

三浦清一郎著…戦前世代には助け合いや我慢を教える「貧乏」という先生がいた。今の親世代に、豊かな時代の子ども育て・しつけのあり方をわかりやすく説く。こども教育読本ともいえる待望の書。

46判167頁／1480円

スマホ片手にお遍路旅日記 四国八十八カ所＋別格二十カ所霊場めぐりガイド

諸原潔著…八十八カ所に加え、別格二十カ所で煩悩の数と同じ百八カ所。金剛杖をついて弘法大師様と同行二人の歩き遍路旅。実際に歩いた人しかわからない、おすすめのルートも収録。初めてのお遍路旅にも役立つ四国の魅力がいっぱい。

46判259頁／1852円

日本地域社会研究所の好評図書

スマート経営のすすめ
ベンチャー精神とイノベーションで生き抜く！

野澤宗二郎著…変化とスピードの時代に、これまでのビジネススタイルでは適応できない。成功と失敗のパターンに学び、厳しい市場経済の荒波の中で生き抜くための戦略的経営術を説く！

46判207頁／1630円

みんなのミュージアム
人が集まる博物館・図書館をつくろう

塚原正彦著…未来を拓く知は、時空を超えた夢が集まった博物館と図書館から誕生している。ダーウィン、マルクスという知の巨人を育んだミュージアムの視点から未来のためのプロジェクトを構想した著者渾身の1冊。

46判249頁／1852円

文字絵本　ひらがないろは　普及版

東京学芸大学文字絵本研究会編…文字と色が学べる楽しい絵本！　幼児・小学生向き。親や教師、芸術を学ぶ人、帰国子女、日本文化に興味がある外国人などのための本。

A4変型判上製54頁／1800円

ニッポン創生！　まち・ひと・しごと創りの総合戦略
～一億総活躍社会を切り拓く～

新井信裕著…経済の担い手である地域人財と中小企業の健全な育成を図り、逆境に耐え、復元力・耐久力のあるレジリエンスコミュニティをつくるために、政界・官公界・労働界・産業界への提言書。

46判384頁／2700円

戦う終活　～短歌で啖呵～

三浦清一郎著…老いは戦いである。戦いは残念ながら「負けいくさ」になるだろうが、終活短歌が意味不明の八つ当たりにならないように、晩年の主張や小さな感想を付加した著者会心の1冊！

46判122頁／1360円

レジリエンス経営のすすめ
～現代を生き抜く、強くしなやかな企業のあり方～

松田元著…キーワードは「ぶれない軸」と「柔軟性」。管理する経営から脱却し、自主性と柔軟な対応力をもつ〝レジリエンス＝強くしなやかな〟企業であるために必要なことは何か。真の「レジリエンス経営」をわかりやすく解説した話題の書！

A5判213頁／2100円

日本地域社会研究所の好評図書

隠居文化と戦え
社会から離れず、楽をせず、健康寿命を延ばし、最後まで生き抜く

三浦清一郎著…人間は自然、教育は手入れ。子供は開墾前の田畑、退職者は休耕田。手入れを怠れば身体はガタガタ、精神はボケる。隠居文化が「社会参画」と「生涯現役」の妨げになっていることを厳しく指摘。

46判125頁／1360円

コミュニティ学のススメ
ところ定まればこころ定まる

濱口晴彦編著…あなたは一人ではない。人と人がつながって、助け合い支え合う絆で結ばれたコミュニティがある。地域共同体・自治体経営のバイブルともいえる啓発の書！

46判339頁／1852円

癒しの木龍神様と愛のふるさと
～未来の子どもたちへ～

ごとむく・文／いわぶちゆい・絵…大地に根を張り大きく伸びていく木々、咲き誇る花々、そこには妖精（フェアリー）たちがいる。「自然と共に生きること」がこの絵本で伝えたいメッセージである。薄墨桜に平和への祈りを込めて、未来の子どもたちに贈る絵本！

B5判上製40頁／1600円

現代俳優教育論
～教わらない俳優たち～

北村麻菜著…俳優に教育は必要か。小劇場に立つ若者たちは演技指導を重視し、「教育不要」と主張する。俳優教育機関が乱立する中で、真に求められる教えとは何か。取材をもとに、演劇という芸術を担う人材をいかに育てるべきかを解き明かす。

46判180頁／1528円

発明！ ヒット商品の開発
アイデアに恋をして億万長者になろう！

中本繁実著…アイデアひとつで誰でも稼げる。「頭」を使って「脳」を目覚めさせ、ロイヤリティー（特許実施料）で儲ける。得意な分野を活かして、地方創生・地域活性化を成功させよう！　1億総発明家時代へ向けての指南書。

46判288頁／2100円

観光立村！ 丹波山通行手形
都会人が山村の未来を切り拓く

炭焼三太郎・鈴木克也著…丹波山（たばやま）は山梨県の東北部に位置する山村である。本書は丹波山を訪れる人のガイドブックとすると同時に、丹波山の過去・現在・未来を総合的に考え、具体的な問題提起もあわせて収録。

46判159頁／1300円